KB121848

우리가 살아온 집
우리가 살아갈 집

서윤영의 우리건축 이야기

서윤영의 우리건축 이야기

우리가 살아온 집, 우리가 살아갈 집

서윤영 지음

역사비평사

집을 짓는 데 굽은 나무를 사용하지 마라

요즘 들어 드라마나 영화에서 조선 후기의 새로운 모습을 조명한 작품이 많이 나왔다. 음란소설을 쓰는 서생을 통해 조선 후기 상업출판의 모습을 보여준 〈음란서생〉이 기억나는데, 여기서 음란서생은 안경을 쓰고 등장함으로써 당시 시력 보정을 위한 안경이 있었음을 보여주었다. 물론 〈영원한 제국〉에서의 정조도 책을 좋아한 군주답게 안경을 쓰고 나왔다. 또한 〈혈의 누〉에서 보이는 과학적 수사기법, 조선시대 존재했던 여형사 〈다모〉, 선비나 농민이 아닌 상인의 모습을 보여준 〈상도〉 등도 신선한 충격이었다.

지금까지 우리는 전통이라 하면 곧 조선을 의미했으며, 그 모습 또한 매우 정형화되고 고착된 이미지였다. 일례로 TV에 등장하는 조선시대를 배경으로 한 사극에서 그 등장인물들이 입고 있는 의상과 살고 있는 주택은 조선 초기이거나 후기이거나 관계없이 동일한 모습이다. 조선은 1392년에 건국한 이후 약 500년을 존속했던 나라인데, 그 장구한 세월 동안 복식과 주거 양식이 전혀 변화 발전하지 않았다고는 생각하기 힘들다. 그럼에도 불구하고 조선이라는 이름 아래 복식과 주거 양식을 뭉뚱그려 동일하게 그리고 있다.

사극 속의 여행자들은 한결같이 주막에 머무는데, 동전 한 닢에 쉽게 국밥을 사먹을 수 있는 주막이라는 것이 화폐경제가 아직 정착되지 않은 조선 초기에도 존재했을까? 오히려 숙종 시대를 배경으로 한 소설 『요로원야화기(要路院夜話記)』에 등장하는 과객은 돈으로 국밥을 사먹는 대신 쌀과 된장, 말린 청어를 직접 가지고 다니면서 주막이 아닌 '요로원(要路院)'이라는 원(院)에 들러 가져온 쌀을 주며 밥을 지어달라고 한다. 때로 사극에서는 기생이 개업한 기방에 장안의 한량과 선비들이 드나드는 장면을 보여주기도 하는데, 본디 기생은 관에 소속된 공노비이다. 노비가 독립을 하여 마치 요즘의 유흥업소와도 같이 영업을 한다는 것은 신분제도가 무너져도 한참 무너져버린 구한말에나 가능한 일이었다.

말하자면 우리가 알고 있는 조선의 모습은 대개 19세기에서 20세기 초까지의 모습이며, 정확한 기록과 고증에 근거한다기보다는 그 시대를 살았던 사람들의 개인적인 기억과 회상에 의존하고 있다. 당시는 조선이라기보다 구한말이었으며, 외세에 의한 문화·경제적 침략이 시작되면서 전통 질서가 흔들리던 시기였다. 모든 사회문화 현상은 왜곡되거나 변형될 수밖에 없었고, 그 비틀린 모습을 조선시대 전체의 모습이라 잘못 알고 있는 경우가 많다.

주거문화 또한 예외가 아닐 것이다. 전통 건축에 대한 책들을 보면 대개 지방의 유명 종가를 답사하고 난 후의 기행문·감상문의 성격이 짙다. 하여 종가와 씨족마을이 얼마나 유구하고도 아름다운 전통이며, 과거 그곳에서 살았던 사람들이 얼마나 슬기롭고 도덕적이었는지에 대한 이야기가 결코 빠지지 않는다. 그러나 실제 씨족마을과 종가는 임진왜란 이후 혼란기에 우후죽순처럼 생긴 사회현상에 불과하며, 내부의 모습 또한 평화롭다기보다는 많은 갈등과 모순을 안고 있었다. 그럼에도 불구하고 과거의 모습은 전통이라는 이름 아래 무조건 아름답고 선한 것으로 치장되는 것이다.

유명 종가나 고택에는 기둥과 대들보에 곧은 나무보다는 굽은 나무가 사용된 예가 많다. 이를 두고 자연을 거스르지 않은 아름다움, 자연에 순응해 살아가는 조상의 지혜라고 극찬하지만 실은 조선 후기 목재의 수급이 원활하지 못해 생긴 현상이다. 그렇다면 왜 갑자기 목재가 부족해졌을까? 조선 후기는 농업생산량의 증가와 함께 민(民)의 성장이 두드러졌다. 이들은 경제력을 바탕으로 주택을 신축하거나 증개축하는 일이 많았고, 그 증가하는 수요에 공급이 채 따라오지 못하여 전국적으로 목재의 품귀 현상이 일어났다. 해서 평소에는 사용하지 않는 굽은 나무라도 베어 집을 지어야 했던 것이다. 이때의 건축 관련 서적이나 실학 계통의 서적에는 "집을 짓는 데 있어 굽은 나무를 사용하지 마라"라는 항목이 빈번히 등장하는데, 이는 집을 지을 때 굽은 나무가 자주 사용되었으며 그것이 심각한 구조적 문제를 초래할 수 있어 금지사항이었음을 반증한다.

고건축에 굽은 나무가 사용된 예를 보고 우리가 현재 읽어내야 하는 것은 조선 후기 민의 경제 성장과 그에 따른 주택의 증개축 현상이지, 자연을 거스르지 않고 순응해 살아가는 조상의 지혜가 아닌 것이다. 현대 건축에서 콘크리트 기둥이 굽어 있거나 벽체나 천장 등이 휘어져 있다면 '부실공사'를 넘어서 기강해이, 총체적 난국, 기둥부터 흔들리는 부실공화국이라는 비난이 쏟아지지만, 전통 건축에서 굽은 나무를 사용하면 자연에 순응하는 소박한 아름다움이 되는 것이다. 이러한 역리를 바로잡고 싶었다.

조선 후기는 개국 초기의 진취적 기상이 사라지는 대신 난숙한 문화가 꽃피면서 조금 퇴영적으로 변화해가는 시기였다고 보는 것이 일반적인 생각이다. 그러나 실제로는 개국 초기의 중세적 성격을 탈피하고 근세국가로 발돋움을 하던 매우 역동적인 시기였다. 대동법의 실시에 따라 화폐경제가 활성화되면서 사회는 많은 변화를 맞이하는데, 무엇보다 인구의 3~4할을 차지하던 노비의 성격이 변화했다. 과거에는 주인집에 매여서 잔심부름을 하거나 농장을 경영하던 솔거노비들이 외부에 독립해 살며 신공을 납부하는 외거노비로 변화하면서 이들은 농업 외에 도심 서비스업과 상업이라는 새로운 생산 영역에 뛰어들기 시작한다. 그리고 이렇게 변화하는 사회상이 주거 건축에도 반영되기 시작하는데, 바로 그 역동적인 시대의 모습을 그리고 싶었다.

오래 준비하고 많이 기다렸던 책인데 실제로는 그다지 완성도가 높지 않은 것 같아 미진한 마음이 앞선다. 일련의 책들을 출간한다는 것은 작가가 그리는 삶의 궤적이라 생각한다. 때로 충만하기도 하고 때로 부족하기도 한데, 어찌되었든 그 또한 내가 그려낸 궤적이라 생각하며 부족한 책이나마 세상에 내놓는다.

2007년 8월
서윤영

차례

일러두기

이 책에서는 2007년 7월 1일 시행된 미터법에 맞추어 아파트 크기를 모두 m²(제곱미터)로 표기했다. 그러나 아직까지 과도기에 있는 점을 감안해 괄호 안에 평수를 병기했다. 참고로 1평은 3.3058m²이다.
예 : 3.3m²(1평), 79m²(24평), 109m²(33평)

한양은 지는 해요, 화성은 뜨는 해라

흥인지문 근처인가

피지 못한 곳, 지어지지 못한 집

01

육중한 대문 안에
아자살 용자살 창호를 달아

가가 허느쇼오, 가가 도로 지이쇼오

상것들과는 함부로 어울릴 수 없으니

육중한 대문 안에 아자살 용자살 창호를 달아

어린 시절을 보낸 나의 시골집은 안방이 아래위 칸으로 나뉘어져 있고 중간에 장지
문이 달려 있었다. 윗방엔 엄마의 농과 할머니의 농과 반닫이가 나란히 놓여 있고 한
구석에 엉덩이가 팡파짐하고 목이 훤칠한 커다란 식초병이 있었다. (중략) 일찍 홀로
되신 엄마는 집에 빈방도 많은데 안방에서 할머니를 모시고 주무셨다. (중략) 할머니
는 일찌거니 사랑에 계신 할아버지의 자리를 봐드리고 오셔서 아랫목에서 코를 고셨
다. (중략) 그때쯤 엄마는 등잔불과 화로를 조용히 윗방으로 옮기고 장지문을 닫으셨
다. (중략) 이렇게 해서 엄마와 단둘이 되었을 때 어린 가슴이 간질간질하도록 행복했
던 기억은 지금도 생생하다.

— 박완서, 『옛날의 사금파리』 중에서

칠순을 넘긴 노작가가 회상한 어린 시절의 집은 우리 무의식 속에 남아 있는
한옥의 모습과도 일치한다. 안방이 아래위 칸으로 나뉘어 있어 낮에는 장지
문을 연 채 사용하다가 밤이 되면 장지문을 닫아 아랫목에는 할머니가 주무

시고 윗목에서는 어머니가 바느질을 하신다. 이렇듯 장지문을 열고 닫는 것으로 공간을 자유롭게 사용하는 것이 전통 가옥의 큰 특징이며, 이를 가능케 해주는 것이 '창호'라는 독특한 개폐 시스템이다. 서양 건축에서 창(window)과 문(door)은 그 명칭과 용도가 전혀 다른 것이지만, 전통 건축에서는 창과 문의 뚜렷한 구별 대신 혼용되는 경우가 많고 명칭 또한 창호라는 복합적인 용어를 쓰고 있다.

움집에 달린 최초의 문

이 땅에 처음으로 집이 지어진 것은 대략 7,000년 전 신석기시대로 알려져 있다. 이때의 주거유적들은 서울시 강동구 암사동 선사유적지에 잘 복원되어 있는데, 개구멍과도 같은 하나의 개구부(開口部)만이 뚫려 있어 문과 창의 구별 없이 그 역할을 동시에 수행했다. 그런데 이 개구부는 항상 열린 채로 있어 겨울에는 매우 추웠기 때문에 그 앞에 거적을 매달아두고 여름에는 말아 올려 바람을 통하게 하고 겨울에는 풀어 내려 추위를 막았다. 이로써 최초의 '문'이 생겨났으니 이때가 청동기시대이다. 따라서 거적은 가장 시원적인 형

신석기시대의 움집 | 당시의 주거유적들은 암사동 선사유적지에 잘 복원되어 있는데, 개구멍과도 같은 하나
의 개구부만이 뚫려 있어 출입문과 창의 역할을 동시에 수행했다.

태의 문이라 할 수 있는데, 지금도 민속촌에 가면 부엌 뒤편에 '김치광' 혹은 '김치각', '김치움'이라 하여 짚으로 움막을 만들어놓고 그 앞에 거적을 출입문 삼아 달아놓은 것을 볼 수 있다. 1940~50년대 서울에 도시빈민이 급증하면서 거지들이 움막을 짓고 살았는데, 그때 움막에 달린 문도 거적문이었다. 지금도 여름이면 창문이나 현관 앞에 발을 드리우는데 이는 거적문이 긴 역사를 통해 가장 아름답고 정교하게, 그리고 순전히 장식적인 목적으로 발전한 예이다.

철기시대에 해당하는 삼국시대가 되면 흙과 나무를 주재료로 한 내구성 있는 집이 지어지면서 거적 대신 나무판자로 된 판문(板門)이 사용되고 채광과 통풍을 위한 별도의 창이 등장한다. 현재 삼국시대의 주거 건축은 유구가 남아 있지 않고 다만 그림이나 전돌, 경남 지방에서 출토된 가야시대의 가형토기(家形土器) 등에 단편적으로 전할 뿐이다. 이들 유물을 보면 판자로 된 문과 그 옆에 마련된 작은 살창이 있어 청동기시대의 거적문이 철기시대에 들어 문과 창으로 나뉘기 시작한 것을 알 수 있다. 이는 사극이나 민속촌에서 쉽게 볼 수 있는 창호지문과는 전혀 다른, 창과 문의 가장 시원적인 형태에 해당한다. 이런 형태는 전통 한옥에서도 부엌에만 남아 있는데, 부엌문은 창호지문이 아닌 나무판자로 된 판문이고 창 역시 창틀에 나무살을 촘촘히 박아놓은 일명 '살창'이 사용되었다.

고대 건축의 요소가 부엌에만 남아 있는 이유는 주택에서 부엌이 가장 먼저 생긴 공간이자 본질적인 공간이기 때문이다. 신석기시대의 집은 마치 삿갓을 씌워놓은 것과도 같이 둥그런 형태로, 한가운데에 불을 피우고 온 가족이 둘러앉아 고기를 굽고 불을 쬐었다. 가운데 피워놓은 불 하나로 음식도 조리하고 실내 난방도 해결했는데, 이처럼 조리와 난방 기능을 담당하는 곳이 부엌이고, 따라서 최초의 집은 곧 하나의 부엌이었다. 방도 결국엔 부엌에서 분화해나간 것에 불과하기 때문에 전통 부엌에는 집의 시원적인 요소가 많이 남아 있다.

그러나 때로는 방이나 마루에도 창호지문 대신 판문을 달아야 하는 경우도 있었으니, 상점이 그러했다. 옛날의 가게들은 대개 길거리에 면한 방에 물건을 전시하고 팔았는데, 그 방에 얇은 창호지문을 달아놓으면 밤에 도둑이 문을 뚫고 들어올 염려가 있었다. 해서 요즘 가게들이 알루미늄 셔터를 달듯 당시의 가게도 판문을 달았으며, 이러한 '판문을 단 가게'를 판문점(板門店)이라 했다. 현재 군사 분계선이 걸쳐 있는 판문점은 남북 대화가 열리는 장소인데, 아마 옛날에는 판문을 단 가게들이 몇 개 있던 작은 마을이었을 것으로 짐작된다.

봉정사 극락전의 판문과 살창 │ 조선시대에 중수되면서 전면에 모두 창호를 두는 당시의 건축 양식을 따랐
으나 1972년에 다시 복원 공사를 하여 건물 정가운데에 판자로 된 문이 있고 양옆에 살창이 나 있는 고려시대의 모습
으로 되돌려놓았다. ⓒ 이인미

그 밖에 유서 깊은 사찰에서 판문과 살창이 드물게 발견되기도 한다. 우리나라에서 가장 오래된 목조건축인 봉정사 극락전은 건물 정가운데에 판자로 된 문이 있고 그 옆에 살창이 나 있다. 고려시대에 지어진 극락전은 조선시대에 중수되면서 전면에 모두 창호를 두는 당시(조선)의 건축 양식을 따랐으나 1972년에 복원 공사를 하면서 고려시대의 모습으로 되돌려놓았다. 아울러 부석사 무량수전도 전면은 창호로 구성되어 있지만 후면은 판자문과 살창이 있어 봉정사 극락전과 동일한 형태이다. 고려시대의 사찰 건축에 삼국시대의 판문과 살창이 채택된 까닭은 사찰 건축이 갖는 짙은 보수성 때문이다. 건축뿐 아니라 복식이나 음식, 제도, 용어 등 모든 면에서 종교계는 보수적 색채를 강하게 띠는데, 이를테면 현재 승려들은 조선시대의 바지저고리에 가사와 장삼을 입고 있고, 개신교와 가톨릭교회의 목사, 수녀, 수도사들이 입는 옷도 현대가 아닌 중세시대의 옷이다. 21세기인 지금도 사찰을 지을 때에는 한옥으로 짓고, 성당을 지을 때에는 중세의 고풍스러운 양식을 고집하듯이 고려시대에 지어진 사찰은 종교 건축 특유의 경건함과 보수성 때문에 판문과 살창이라는 삼국시대의 건축 양식을 채택한 것이다.

　　물론 살창보다 더 오래된 창의 형태로 오지나 두메산골에서 드물게 발견되는 봉창(封窓)과 화창(火窓)이 있기는 하다. 이는 창틀도 없이 구멍만 뚫린 창으로, 주로 부엌의 상부나 측면에 설치하여 밥을 지을 때 생기는 연기와 수증기를 바깥으로 뽑아내는 역할을 한다. 몽골의 게르(Ger)를 비롯해서 아메리카 인디언의 천막집과 신석기시대의 움집 내부에도 지붕 꼭대기에 연기를 빼기 위한 연기구멍이 있는데, 봉창이나 화창은 이들 연기구멍과 매우 흡사하다. 아마 이것이 창의 가장 시원적인 형태일 것이다. 구멍만 뚫린 형태의 봉창은 창호지문이나 판자문과 달라서 두드리려야 두드릴 수가 없고 또 두드려보았자 아무런 소리도 나지 않는다. 더구나 잠을 자다가 돌연 부엌으로 가서 뻥 뚫린 구멍을 두드리는 일은 중이 상투를 틀고 며느리가 갓을 쓰는 것처럼 일상에서는 일어날 수 없는 일이기 때문에, 갑자기 밑도 끝도 없이 터무니없는 말을 하는 사람을 가리켜 '자다가 봉창 두드린다'라고 한다. 이렇듯 고대 건축에서 문과 창은 나뉘어 있었는데, 고려시대에 들어 종이가 점차 보급되면서 이른바 '창호'라는 새로운 시스템이 등장하게 된다.

두 짝짜리 문, 한 짝짜리 호

설계사무실에서 캐드 작업을 할 때 창은 window의 약자인 'wd', 문은 door

의 약자인 'dr'이라는 명령어를 사용하여 쉽게 창과 문을 그리고 있지만, 전통 건축에서는 그 외에 '호(戶)'라는 건축 요소가 하나 더 있다. 전통 건축에서 '문'이란 동대문이나 남대문, 현관문, 정문, 후문과 같이 성(城)이나 건물 전체에 사용되는 출입구를 말하며, '호'는 방에 사용되는 출입구를 말한다. 또한 '門'과 '戶'라는 글자 모양을 보아서도 알 수 있듯이, 문이 주로 두 짝으로 이루어진 육중한 판자문이라면 호는 외짝으로 이루어진 가벼운 창호지문이다. 말하자면 문은 'gate'에 해당하고, 호는 'door'인 셈이다.

주거 건축은 그 나라의 가족관계를 먼저 파악하면 쉽게 이해할 수 있는데, 중국의 영향을 많이 받은 우리나라는 대가족제를 선호했다. 본디 중국에서는 오세동락(五世同樂)이라 하여 '나'를 기준으로 위로는 할아버지와 아버지, 아래로는 아들과 손자까지 모두 5대가 한 집에서 사는 것을 이상적으로 여겼다. 그뿐 아니라 장남과 장손만이 집에 남고 차남 이하는 분가를 하는 우리의 전통과는 달리 중국에서는 차남과 삼남, 그리고 이들에게서 태어난 조카들이 분가를 하지 않고 모두 한 집에서 살았기 때문에 식구가 많은 집은 100여 명에 이를 때도 있었다. 그 많고 복잡한 식구가 한 집에 살자면 집의 구조도 조금 달라야 했다.

중국의 집은 택(宅) 혹은 가(家)라고 불리는 큰 주택 안에 당(堂)이라 불리는 작은 집들이 여러 채 모여 있는데, 형식적으로는 대가족이지만 실질적으로는 부부와 어린 자녀로 이루어진 핵가족이 하나의 당에서 생활했다. 베이징(北京)의 부잣집을 배경으로 한 남자와 네 명의 처첩이 한 집에서 사는 이야기를 다룬 영화 〈홍등〉에서도 각 처첩들이 별도로 독립된 당에서 생활하는 것을 볼 수 있는데, 이때 택에 붙은 출입구를 문이라 하고, 당에 붙은 출입구를 호라 했다. 택에 붙은 문은 가택의 내외부를 경계 짓는 문이자 도둑의 침입도 막아야 했으므로 판자를 사용하여 거대하고 육중하게 만들었지만, 당에 붙은 호는 쉽게 여닫을 수 있도록 가볍게 만들어 사용했다.

이렇듯 '호'에는 단위가족이라는 뜻도 있어 지금도 호구조사(戶口助事), 호적(戶籍), 호주(戶主)와 같은 용어를 사용하고 있다. 근대국가는 주민등록번호를 부여하여 국민을 개별적으로 통제하고 있지만, 중세에는 국가의 행정력이 말단까지 세심하게 미치지 못하여 개인이 아닌 호별로 세금과 부역을 매겼다. 따라서 본디 '당'에 붙은 출입구였던 '호'는 이후 출입구보다 '한 집에 사는 단위가족'이라는 의미로 더 자주 사용되었다.

한편 오세동락의 이상대로 5대가 모여 살면 위로는 고조할아버지를 정점으로 가장 아랫대의 손자들은 8촌 형제가 한 집에 살게 된다. 그래서 전통적으로 생각해왔던 친인척의 경계선이 8촌이었고, 일가붙이 중에 누군가가 사망했을 때 상복을 입어야 하는 범위도 8촌까지였다. 현재 민법에서 지정하고 있는 친족의 범위도 8촌 이내의 부계와 모계 혈족으로, 이 범위에 속한 사람들은 일가(一家) 안에 함께 사는 사람들이기 때문에 서로 결혼하는 것이 법으로 금지되어 있다. '가가호호'라는 말에서도 알 수 있듯이 당 안에 함께 사는 사람이 단위가족 곧 '호'라면, '택' 안에 같이 사는 사람은 확대가족 곧 가(家)가 된다. 따라서 택의 출입구인 '문'에는 확대가족의 의미가 포함되어 있어 가정이나 가족과는 그 뉘앙스가 다른 가문(家門), 문중(門中)과 같은 말에 '문' 자가 사용되고 있다. 무엇보다 문은 지금도 건축 용어로 사용되고 있으나 호의 건축적 의미는 희석되고 말았다.

한편 '창호'라는 말은 고려시대부터 등장하기 시작한다. 창과 호를 아울러 지칭하는 이 말은 채광을 위한 창과 출입을 위한 호를 명확히 구분하지 않는 전통 건축의 독특한 미학을 반영한다. 한옥을 생각할 때 가장 먼저 연상되는 것은 화려하게 치장된 처마 아래의 육중한 기둥과 그 사이에 들어찬 새하얀 창호지문인데, 이러한 입면은 대략 고려시대부터 시작되었다. 나무살로 이루어진 문틀에 창호지를 바른 '창호지문'은 한지가 점차 보급되기 시작한 고려시대부터 나타났다. 알다시피 종이는 서기 100년경 중국의 채륜이 처음 발명한 것으로, 당시 중국인들은 제지술을 국가적 기밀로 관리하고 있었다.

종이는 몹시 귀하고 비싼 것이어서 국가 문서에나 겨우 쓰이는 것이었지 건축자재로 사용하여 창에 바르는 것이 아니었다. 우리나라에서는 삼국시대에 왕궁에서만 간신히 창호지를 바를 수 있는 정도였지만 고려시대에 들어 점차 종이가 흔해지면서 중류계층까지 창호지가 보급되었다. 서민과 하류층까지 창호지문을 달 수 있게 된 것은 한지의 대량생산이 가능해진 16세기 이후의 일이다.

흙벽에 살창과 판문으로 구성된 삼국시대의 집과 벽체의 대부분이 창호로 이루어진 고려시대의 집은 외관상으로도 확연히 구분된다. 그리고 이는 조선도 마찬가지이기 때문에 고려의 집과 조선의 집은 매우 비슷해 보인다. 현재 고려시대의 건축으로 남아 있는 것으로는 부석사 무량수전과 수덕사 대웅전, 봉정사 극락전 등 사찰 건축이 주를 이루며, 주거 건축으로는 고려 말 최영 장군이 건립한 후 그의 손녀사위 맹사성이 살았다고 알려진 충남 아산의 맹씨행단(孟氏杏壇) 등이 있다. 이것은 조선시대의 건축과 크게 다를 바가 없어 보이지만, 창호의 구성에서 조선과 고려의 건축적 차이가 두드러진다.

대개 조선의 창호는 두 짝이나 네 짝 등 짝수로 이루어져 있으나 고려의 창호는 세 짝으로 되어 있다. 그중에서 가운데 문이 출입에 사용되는 여닫이문이고 양옆의 문은 채광을 위해 사용되는 들어열개문이다. 맹씨행단과 부

부석사 무량수전에 보이는 고려시대의 창호 | 고려의 창호는 세 짝으로 되어 있으며, 대개 단순한 형태의 격자살이 사용되었다. 이 중 가운데 문이 출입에 사용되는 여닫이문이고 양옆의 문은 채광을 위해 사용되는 들어열개 문이다. ⓒ 임석재

석사 무량수전에서 볼 수 있듯이 가운데의 창호는 출입용 문, 양옆의 창호는 채광용 창으로 사용되고 있다. 한편 창호에 사용된 살의 모습도 달라서, 고려의 창호가 격자살이나 빗살이라면 조선시대에 가장 많이 사용된 것은 띠살문이다. 그 밖에 선비가 쓰는 사랑방(舍廊房)에는 깨끗하고 정갈한 느낌이 나는

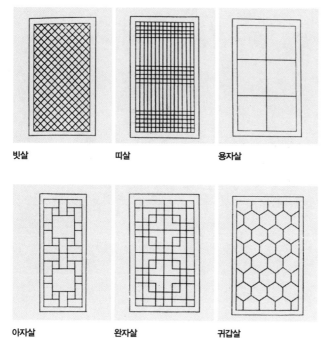

빗살　　　　　　**띠살**　　　　　　**용자살**

아자살　　　　　　**완자살**　　　　　　**귀갑살**

창호의 문양 │ 창호에 사용된 살의 모습도 달라서, 고려의 창호가 격자살이나 빗살이라면 조선시대에 가장 많이 사용된 것은 띠살문이다. 그 밖에 선비가 쓰는 사랑방에는 깨끗하고 정갈한 느낌이 나는 용자살, 부녀가 거처하는 안방에는 예쁘고 단아한 느낌의 아자살이나 완자살이 사용되었으며, 노인 방에는 장수를 상징하는 거북이 모양의 귀갑살도 많이 사용되었다.

용자창(用字窓), 부녀가 거처하는 안방에는 예쁘고 단아한 느낌의 아자(亞字)살이나 완자(完字)살이 사용되었으며, 노인 방에는 장수를 상징하는 거북이 모양의 귀갑살도 많이 사용되었다. 따라서 고풍스러운 격자살이나 빗살 문양에 세 짝 문짝이 사용되었다면 고려시대 창호이고, 띠살문이나 용자창, 아자

28

살, 귀갑살 등 장식적 요소가 강한 문양에 두 짝이나 네 짝의 짝수 문짝이 사용되었다면 조선시대의 창호이다.

장지문 닫고, 아랫방에 윗방에

창과 문, 호 등의 개구부는 건물의 내외부를 소통시키는 역할을 하는데, 어떤 방식으로 열리는가 혹은 어느 방향으로 열리는가에 따라 조금씩 그 역할이 다르다. 때로 이것은 사회적 약속을 따르기도 한다. 이를테면 현재 아파트에서 방문이나 현관문 같은 출입문은 앞뒤로 열고 닫는 여닫이 방식이지만, 창문은 옆으로 밀어 여는 미세기 방식이다. 그 반대의 경우도 가능하며 특히 방문을 벽 속으로 밀어넣는 미닫이 방식은 좁은 방을 넓게 쓴다는 장점이 있는데, 아파트의 방문이 모두 여닫이인 것은 사회적 약속 혹은 관습이라 할 수 있다. 전통 건축도 마찬가지였다.

　　창호의 개폐 방식은 옆으로 밀어서 여는 미닫이와 앞뒤로 열고 닫는 여닫이, 그리고 문짝의 아랫부분을 떼어 들어 올리는 들어열개로 나눌 수 있다. 그 밖에 미세기 방식도 있는데, 옆으로 밀어서 여는 방식은 미닫이와 동일하지만 그 열린 문이 벽 속으로 들어가는 것을 미닫이, 아파트 베란다와 같이 열린 창이 서로 포개지는 것을 미세기라 한다. 이 책에서는 미세기와 미닫이를 특별히 구분하지 않기로 한다.

그런데 여닫이는 광화문과 남대문, 동대문을 비롯하여 대문이나 부엌문 같은 모든 문에 사용되며, 반대로 성문이나 대문에 미닫이가 사용된 예는 단 한 건도 없다. 집 안에서도 방에서 마당이나 마루 쪽을 향한 호에는 여닫이가 사용되는데, 항상 안쪽에서 바깥쪽을 향해 열리도록 되어 있다. 한편 방과 방 사이나 방과 마루 사이에는 미닫이가 사용된다. 특히 전통 건축에서는 두 칸짜리 방을 아래위로 나누어 사용하는 예가 많았는데, 이때 방과 방 사이를 나누는 문으로 미닫이가 사용되었다. 부언하자면 여닫이는 어느 방향으로 열리느냐에 따라 두 공간 사이에 주종관계가 생기기 때문에 실내외를 연결하는 문에 사용되었지만, 미닫이는 두 공간 사이의 주종관계가 생기지 않으므로 서로 대등한 실내 공간 사이에 사용되었다.

현재 주택의 방문은 주로 여닫이문으로 거실에서 침실 안쪽으로 열리는데, 이는 거실은 공적인 공간, 침실은 사적인 공간이므로 사적 공간은 공적 공간을 침해해서는 안 된다는 근대 건축의 기본 원리 때문이다. 마찬가지로 비서실과 사장실이 서로 연결되어 있을 때 그 출입문은 사장실에서 비서실 방향으로 열리도록 되어 있지 반대의 경우는 없다. 비서가 사장의 영역을 침해할 수 없기 때문이다. 한편 중대형 아파트에서는 거실과 식당 사이에 유리로 된 미닫이문을 사용하기도 하는데, 거실과 식당은 똑같은 공적 공간이어서 두 공간 사이에 어떠한 주종관계도 없기 때문이

아파트의 문 열림 방향 | 주택의 방문은 주로 여닫이문으로 거실에서 침실 안쪽으로 열리는데, 이는 거실은 공적인 공간, 침실은 사적인 공간이므로 사적 공간은 공적 공간을 침해해서는 안 된다는 근대 건축의 기본 원리 때문이다.

다. 전통 건축에서도 여닫이문은 방에서 마당 쪽으로 열리도록 되어 있고, 두 칸의 방을 아래위로 나누어 쓰는 경우에는 평등한 미닫이문을 쓰고 있다. 그리고 미닫이는 크게 장지문과 분합문(分閤門)으로 나뉜다.

장지문은 본디 장자문(障子門)으로 장(障)은 차폐(遮蔽, barrier)의 의미를 가진다. 두 칸짜리 방을 아래위로 나누는 문이기 때문에 서로 간의 프라이버시(사생활) 보호를 위해 두꺼운 창호지를 바르는데, 때에 따라서는 창호지 대신 아예 벽지를 앞뒤 양쪽으로 바르기도 했다. 이때 창호지를 바른 문은 밝을

명(明)자를 써서 명장지문(明障子門), 양쪽으로 벽지를 바른 문은 장님 맹(盲)자를 써서 맹장지문(盲障子門)이라 하는데, 프라이버시의 차단에는 아무래도 맹장지문이 나을 것이다.

일반적으로 프라이버시에는 시각적 프라이버시와 청각적 프라이버시, 후각적 프라이버시가 있는데, 시각〉청각〉후각의 순으로 그 민감도가 낮아진다. 우리가 공중화장실을 사용할 때는 두께가 채 3cm도 되지 않는 얇은 문 안에서 용변을 본다. 문 바로 앞에는 누군가가 내 쪽을 빤히 바라보며 서 있다는 것을 알면서도 보이지 않는다는 이유로 태연하게 용변을 보는 것이다. 다만 용변을 볼 때 나는 소리가 신경 쓰이기 때문에 백화점이나 호텔의 고급 화장실에는 에티켓 벨이 사용되고 있다. 이는 단추를 누르면 일정 시간 동안 물 흐르는 소리가 나서 용변을 볼 때 나는 소리를 상쇄시켜주는 것으로, 일반 화장실에서는 사용되지 않지만 고급 화장실에서 프라이버시의 민감도를 좀 더 높게 잡은 예라 할 수 있다. 아울러 후각적 프라이버시까지 감춰주기 위해 단추를 누르면 향기가 나오는 장치가 마련된 곳도 있다. 하지만 교도소나 수용소 같은 특수 집단시설에서는 화장실의 칸막이 문이 매우 낮기 때문에 시각적 프라이버시도 제대로 지켜지지 못하는 경우가 많다. 시각적 프라이버시는 가장 먼저 충족되어야 할 기본적인 프라이버시로, 두껍게 벽지를 바른 맹장지문 한 장으로 두 방 사이의 프라이버시는 차단된 것으로 여겼다. 문을 닫으면 벽체와 패턴이 동일해지기 때문에 창호는 곧 육중한 벽이 된다. 홀어머니와 갓 결혼한 아들 내외가 아래위 칸에 함께 살 때에도, 밤이 되어 두꺼운 맹장지문을 닫고 나면 어디서 무슨 소리가 들리든 보이지 않으니까 모르는 일이 되는 것이다.

한편 분합문은 프라이버시의 요구도가 그다지 높지 않은 대청과 방 사이에 사용되었다. 장지문에 비해 조금 가벼운 대신 장식성이 더 강하며, 대청과 마당 사이에는 문짝을 완전히 들어 올려 여는 들어열개 방식도 흔히 사용되었다. 요약하자면 삼국시대에 판문과 살창으로 구분되던 창과 문은 고려시대에 들어 '호'가 추가되면서 전통 건축의 독특한 창호 시스템이 발달했다. 조선시대에 들어서는 여닫이나 미닫이, 맹장지문과 명장지문 등으로 더욱 세분되었다. 특히 방과 방 사이를 나누었던 맹장지문은 낮에는 열어서 거실로 사용하고 밤에는 닫아서 개별 침실로 사용할 수 있어 널리 사용되었다. 앞서 인용한 박완서 선생의 어린 시절처럼 할머니와 어머니가 한 방을 사용했던 것도 밤이 되면 장지문을 닫아 각자 독립된 공간을 사용할 수 있었기 때문이다. 이런 두 칸짜리 방은 때로 남남이 사용할 수도 있었다.

"엄마, 사랑방에 큰삼춘이 아저씨를 하나 데리구 왔는데에, 그 아저씨가아, 이제 사랑에 있는대."

(중략)

"그럼 작은외삼춘은 어데루 가나?"

"외삼춘도 사랑에 계시지."

"그럼 둘이 있나?"

"응."

"한 방에 둘이 있나?"

"왜 장지문 달구 외삼춘은 아랫방에 계시구 그 아저씨는 윗방에 계시구, 그러지."

— 주요섭, 「사랑손님과 어머니」 중에서

옥희라는 딸 하나를 두고 청상에 과부가 된 여인이 남편이 쓰던 빈 사랑방에 남편의 친구를 하숙생으로 맞아들이면서 「사랑손님과 어머니」의 이야기는 시작된다. 여기 등장하는 작은외삼춘은 여인의 친정 남동생으로 중학생에 불과하지만, 여인과 딸이 안채를 쓰고 남동생과 손님이 장지문을 사이에 두고 하나의 사랑방을 쓰고 있다. 시대적 배경이 개화기라서 전통적 질서와 새로운 가치관이 충돌하는 상황을 볼 수 있는데, 하녀를 두지 않는 이 집에서 여인은 내외를 하기 위해 밥상을 차려 사랑의 아랫방까지 들고 가면 남동생이 이를 받아 윗방의 손님에게 가져가고 있다.

"야, 또 어데 나가지 말구 사랑에 있다가 선생님 오시거든 상 내가야지", "그러니 어쩌갔니, 너밖에 사랑 출입할 사람이 어디 있니?"라고 말하면서 여인은 남동생에게 밥상 심부름을 시킨다. 이것이 귀찮아진 남동생은 "누님이 좀 상 들고 나가구려. 요샛세상에 내외합니까!"라고 말하기도 하는데, 흥미로운 것은 부엌에서 밥상을 차려 사랑채의 윗방으로 가기까지 남동생이 쓰는 아랫방을 지나간다는 사실, 다시 말해 남동생의 침실이 통과 동선이 되고 있다는 점이다. 이 소설의 시대적 배경은 개화기라도 공간적 배경은 조선 시대에 지어진 집일 것이다. 이렇듯 장지문에 의한 공간의 분할 사용은 편리하기도 하지만 때로 불편했기 때문에 통과 동선을 위한 별도의 공간이 만들어지기 시작한다. 바로 툇간의 발달이었다.

영·정조 시대에 급격히 발달한 툇간

전통 가옥에서 가장 독특하고도 아름다운 요소로 손꼽히는 툇간 곧 툇마루는

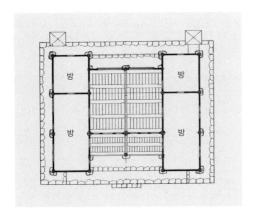

맹씨행단 안채 배치평면도 | 고려 말에 건립된 맹씨행단은 현존하는 가장 오래된 주거 건축물로, 안채는 H자형의 평면에 두 칸짜리 마루와 양옆에 네 개의 방이 있을 뿐 툇마루가 보이지 않는다.

18세기 영조 이후에 급격히 발달한 형식으로, 그전까지는 이렇다 할 툇간이 없었다고 볼 수 있다. 현존하는 가장 오래된 주거 건축인 맹씨행단(고려 말 건립)은 H자형의 평면에 두 칸짜리 마루와 양 옆에 네 개의 방이 있을 뿐 툇마루는 보이지 않는다. 한국민속촌과 남산골 한옥마을 등에 보존되어 있는 전통 가옥들은 조선 후기인 18~19세기의 것들이어서 앞뒤에 툇마루가 부가되어 있지만, 고려시대의 맹씨행단은 툇마루 없이 방과 마루가 투박하게 연결되어 있어 건조한 인상마저 풍긴다.

고대 건축에 툇간이 없었던 이유는 굳이 필요치 않기 때문이다. 현대의 주택은 침실과 거실, 화장실과 주방까지 서로 다른 기능의 실(室)들이 한 지붕 아래 있지만, 과거에는 그렇지 않았다. 삼국시대의 가옥은 하나의 집이 하나의 방인 형태로, 대개 서너 채의 부속채가 모여 한 집을 이루었다. 고

동수묘 고분 벽화 | 고구려의 고분 중 동수묘로 알려진 안악
3호분 고분 벽화의 일부로 부엌, 고깃간, 수레를 보관하는 차고(車庫)
가 각각 별도의 건물로 묘사되어 있다. 이렇듯 삼국시대에는 하나의
집이 여러 채의 부속 건물로 이루어졌다.

구려 고분 중 '동수묘'라 알려진 안악 3호 고분의 벽화를 보면 외양간, 부엌, 방앗간, 고깃간 등이 각각 별도의 채로 이루어져 있는데, 하나의 집을 이루자면 침실 역할을 하는 건물(정침) 외에 여러 채의 부속 건물이 있어야 했다.

집에서 가장 좋은 건물이자 넓은 건물이었던 정침은 내부에 칸막이벽이 없는 넓은 홑형이었고, 대신 휘장이나 병풍을 사용하여 실내 구획을 했다. 『삼국사기』「흥덕왕」조에는 사치를 금하기 위해 골품별로 사용할 수 있는 건축 재료와 규모 등을 상세히 명시한 기사가 있다. 여기에는 휘장과 병풍에 채색 비단이나 중국산 비단, 고급 직물의 사용을 금한다는 내용이 빈번히 등장하는데, 이는 오히려 실내에서 휘장과 병풍이 널리 사용되었음을 나타내는 증거가 된다. 이런 상황은 고려도 마찬가지였다.

그러다가 조선시대가 되면서 부엌과 안방이 명확히 나뉘기 시작했고 여기에 마루와 건넌방이 부가되었는데, 이런 一자형 홑집은 마당에서 각 방으로 직접 출입하는 형식이어서 별도의 동선 공간이 필요치 않았다. 그런데 조선 중기 농업생산량의 증가로 민서의 집이 점차 커지면서 하나의 지붕 아래 여러 개의 방이 있는 집이 출현하기 시작했다. 특히 조선 후기가 되면 민가 건축에 지역성이 나타나는데, 산악지대인 함경도와 강원도 등지의 집과 고온다습한 전라도와 경상도의 집, 그리고 중부 지방인 경기도와 충청도의

一자형 홑집과 田자집 | 一자형 홑집은 마당에서 각 방으로 직접 출입하기 때문에 별도의 동선 공간이 필요치 않았다. 한편 田자집은 정주간에서 방으로, 방에서 방으로 직접 연결되는 구조로 되어 있어 통행에 심각한 불편을 겪게 되었는데, 이를 해결하기 위해 툇간이라는 동선 공간이 마련되었다.

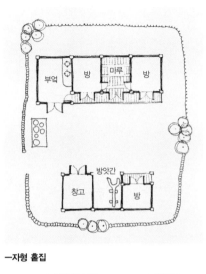

一자형 홑집

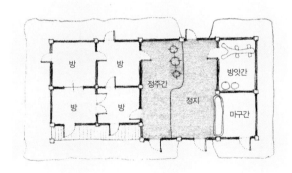

田자집

집 등이 특색 있는 지역성을 보인다. 척박한 환경의 함경도와 강원도의 집들은 마루가 작거나 없는 대신 마구간까지 집 안에 두는 것이 특징인데, 각 방들이 '전(田)' 자처럼 두 줄로 배치되어 있어 '겹집'이라 부른다. 이처럼 마구간, 봉당, 마루, 방, 창고처럼 성격이 전혀 다른 방들이 한 지붕 아래 모이기 시작하면서 그 이용과 통행에 심각한 불편을 겪게 되었으며, 이를 효율적으로 해결하기 위해 만든 동선 공간이 툇간이다.

툇간은 조선 후기에 들어 발달하기 시작한 양식이고, 그래서 한국민속촌과 남산골 한옥마을의 집들은 한결같이 매우 발달된 툇마루들을 보여주고 있다. 민서의 집은 툇마루가 주로 방 앞에 붙어 있어 조망이나 휴식용 및 통과 동선의 역할을 한 반면, 상류 주거에서는 방의 앞뒤로 툇마루가 붙었다. 앞퇴에는 장식적 요소가 강한 난간을 붙여 기능과 장식을 겸했고 뒷퇴에는 창호를 달아 주로 수장 공간으로 사용했다.

아름다운 선단부 디자인, 퇴

20세기 이후 우리나라에 서양의 근대 건축이 도입되면서 퇴는 점차 사라졌지만 사실 이는 매우 아름답고 섬세한 선단부(先端部) 디테일이었다. 선단부 디테일이란 건물의 내외부가 만나는 경계선을 말하는데, 섬세하면 할수록 아름다운 고급 건축물이 된다. 이를테면 도심에 즐비한 대형 오피스빌딩은 출입구 부분이 선단부로서, 사람이 그 건물과 처음 만나 첫인상을 결정짓는 곳이기 때문에 가장 세심하게 계획된다. 대개 백화점 건물은 도로에서 일정 부분 후퇴시켜 건물을 지으면서 쇼윈도를 설치하고 벤치와 조각상, 분수대를 놓아 시민에게 휴식처를 제공한다. 서울 삼성동의 포스코센터는 철강회사의 이미지에 맞게 철제의 대형 조형물을 갖다놓고 그 앞에 놓인 공중전화 부스와 벤치도 유리와 철로 특별 제작했다. 고급 카페나 레스토랑은 입구 앞에 어느 정도 진입로를 따로 만들어 화단을 조성하고 벤치를 놓기도 하지만, 패스트푸드점은 길에서 바로 문을 열고 들어갈 수 있게 되어 있다. 주택도 마찬가지이다. 상류계층의 주거일수록 대문에서 현관까지의 길이가 긴 반면, 하류계층의 집은 길에서 문을 열면 바로 부엌과 안방이 나온다.

또한 선단부는 출입구에만 국한되는 것이 아니어서 아파트 베란다도 대표적인 선단부 디자인이 된다. 베란다의 용도가 무엇이냐는 질문을 가끔 받곤 하는데, 그 일차 목적은 화재시 피난 통로이며, 추락 방지 및 외기의 완충 작용, 그리고 조망과 휴식 공간의 역할을 한다. 아파트에 베란다가 없으면 겨울에 춥고 여름에 더우며, 외부의 먼지와 소음이 아무런 여과 없이 그대로 들어오기 때문에 생활의 질이 매우 떨어진다. 요즘은 실내가 좁다고 베란다를 터서 거실과 방을 확장하는 일이 많은데, 이 경우 실내는 넓어질지라도 공간의 질은 떨어지는 게 사실이다. 반대로 베란다를 더 크게 만들어 테이블을 놓고 야외 식사까지 가능한 테라스로 만든다면 매우 고급스런 건축이 된다. 외국의 경우에는 베란다에 어린이용 작은 수영장까지 설치한 예도 있는데, 이처럼 베란다라는 선단부가 넓고 세심하게 계획되어 있을수록 고급 건축이 된다.

빌딩의 옥상도 대표적인 선단부 디자인이다. 하루의 대부분을 오피스 빌딩에서 보내는 도심 직장인들에게 있어 옥상은 가장 쉽게 접하는 휴게 공간인데, 옥상 가장자리에 난간이 없다면 매우 위험해진다. 해서 옥상에는 반드시 난간을 설치하도록 건축법으로 명시하고 있지만, 그래도 난간에 기대어 지상을 내려다보면 빌딩 높이에 놀라 아찔해진다. 건축의 질을 더 높이자면 옥상 가장자리에 화단을 조성하고 사람 키보다 높은 나무를 심어 지상이 직접 보이지 않도록 해서 심리적 안정까지 도모해야 하며, 아울러 고무 재질의 푹신한 바닥재를 깔고 벤치를 함께 놓으면 더욱 좋다. 값싼 임대 빌딩의 옥상은 부서진 의자 몇 개만이 뒹구는 황량한 공간이지만, 고급 사옥일수록 옥상이 예쁘고 아늑하게 꾸며진 예를 자주 보았을 것이다. 이런 것들이 바로 섬세한 선단부 디자인의 예이다.

전통 건축에서 퇴는 훌륭한 선단부 디자인이었다. 남산골 한옥마을에는 툇마루가 아름답게 보존되어 있으나 가회동이나 안암동, 보문동의 한옥들은 개화 바람과 함께 제일 먼저 툇마루가 없어지기 시작했다. 입식 생활에 따라 식탁, 책상, 의자, 침대 등 덩치 큰 가구의 사용이 증가하고, 그로 인해 방이 좁아지자 마치 요즘 아파트에서 집이 좁아지면 제일 먼저 베란다를 터서 확장하듯이 툇마루 쪽으로 확장을 한 것이다. 그나마 상류주택에서는 공간자체가 넓었으므로 입식 가구의 증가에도 큰 불편을 겪지 않았지만, 중류층이 살았던 보문동, 가회동, 안암동 한옥들은 그다지 공간의 여유가 없었던 탓에 툇마루가 가장 먼저 없어지고 말았다. 전통 건축의 독특하고 섬세한 선단부는 이렇게 해서 사라졌다.

현재 아파트나 단독주택에서는 '창호'도 존재하지 않고 '퇴'도 존재하지 않으며, 섬세한 선단부도 존재하지 않는다. 엘리베이터에서 내려 바로 초인종을 누르게 되어 있고 판문보다 더 견고하고 강력한 철문이 몇 겹의 열쇠 따는 소리와 함께 열리면 짤막한 현관을 지나 바로 거실로 연결되는, 결코 섬세하다고 할 수 없는 매우 거칠고 투박한 방식으로 진입하고 있다. 그 안에 내부 인테리어가 어떻게 되어 있든 그 집값이 얼마이든 아파트 자체는 매우 저급하고 값싼 건축물인데, 출입구 부분에 섬세한 위계를 두기 위해 요즈음 새로운 시도들이 모색되고 있다. 이를테면 복도식 아파트에서 복도의 폭을 3∼4m 정도로 넓게 해서 각 세대의 현관문 앞에 화단을 꾸미고 벤치를 두는 것으로 주택가의 골목길 풍경을 연출할 수도 있다. 그곳은 차가 전혀 다닐 수 없고 외부인의 출입도 통제되는 매우 안전한 공간이기 때문에 혼자서 엘리베이터를 타고 내릴 수 없는 5세 이하의 어린이에게는 최적의 놀이 공간이 될 것이다. 혹은 계단식 아파트에서 엘리베이터 홀 부분을 지금보다 두세 배 크게 만들어서 화단을 조성하고 벤치를 놓을 수도 있다. 1990년대 후반부터는 일부 대형 크기의 아파트를 중심으로 현관문 안에 작은 마당을 만들기도 하고 베란다를 더욱 크게 설계하여 부부 침실 앞에 툇마루를 놓기도 하는데, 이런 여러 가지 시도들이 과연 어떻게 자리 잡을지는 두고 봐야 할 일이다.

한양은 지는 해요, 화성은 뜨는 해라

흘집에서 장끼꿩

피지 못한 꽃, 지어지지 못한 집

02

가가 허느쇼오, 가가 도로 지이쇼오

커지는 사랑채,
작아지는 안채

상것들과는 함부로 어울릴 수 없으니

육중한 대문 안에 아자살 용자살 창호를 달아

커지는 사랑채, 작아지는 안채

요즘은 79m²(24평)의 소형 아파트에도 화장실을 두 개 설치하는데, 얼마 전까지만 해도 보기 드문 일이었다. 1980년대 132m²(40평) 정도의 중형 아파트에 처음 화장실 두 개를 설치한 것을 시작으로 1990년대에는 99m²(30평) 정도의 아파트에, 그리고 2000년에 들어서는 소형 아파트에도 모두 화장실을 두 개씩 설치하고 있다. 생활수준이 향상되면서 목욕 횟수가 많아지고 무엇보다 맞벌이 부부가 늘어나면서 아침시간에 화장실 사용 빈도가 증가한 것이 큰 이유라 하겠다. 그런데 문제는 화장실에서 그치는 게 아니다. 과거 165m²(50평) 이상의 대형 아파트에도 있을까 말까 하던 드레스룸이 109m²(33평)에도 들어서고 있고 화장대만을 따로 두는 파우더룸, 양주병이 들어찬 찬장을 둔 홈바(home-bar)까지 모두 부부 침실 안에 끼워 넣는다. 그러고 보니 시인이기 전에 먼저 건축가였던 이상(李箱, 1910~1937)이 생각난다. 이런 일이 일어날 것을 미리 알고 「건축무한육면각체」라는 시에서 "사각형의내부에사각형의내부에"라고 읊었던 걸까.

사무소에서 설계 실무를 담당하던 시절, 109m²(33평) 아파트에 거실과 주방, 3개의 침실과 2개의 화장실, 드레스룸과 파우더룸, 홈바를 사각형의 내부에 사각형의 내부에 채워 넣으며 이상이 살아 돌아온대도 이렇게 어려운 문제는 풀 수 없으려니 생각했는데, 웬걸, 내 옆의 선배는 그 모든 것을 86m²(26평) 안에 차곡차곡 끼워 넣고 있었다. 그날 점심시간 철제의자가 삐걱거리던 작은 식당에서 나는 그에게 물었다. 왜 사람들은 부부 침실 안에 별도로 드레스룸과 홈바를 두는 걸까요? 침실이 본래 옷도 갈아입고 둘이 앉아 술 한잔 할 수도 있는 곳인데, 왜 그 안에 상자곽같이 작은 방을 자꾸 만들어 넣는 걸까요? 하지만 그는 TV로 중계되는 축구 경기를 보느라 내 얘기는 건성으로 듣는 모양이었다. 드레스룸과 홈바를 없애서 침실의 크기를 줄이고 대신 응접실이나 별도의 식사실을 따로 만드는 것은 어떨까요? 가족이 모여 앉아 TV를 보는 거실이 아닌 손님 접대를 위한 별도의 응접실과 식사실, 왜 사람들은 그 생각을 못할까요? 순간 식당 안에 "우와!" 하는 함성이 울렸다. 우리 팀이 한 골을 넣은 모양이었다.

주택 안의 사적 공간과 공적 공간

현대의 주택은 100% 사적 공간으로 이루어진 주거 전용 건물이어서, 식사, 취침, 휴식 및 가족 단란 행위만 일어날 뿐, 손님을 초대해 사업 이야기를 한다거나 업무를 본다거나 집 안에 작은 공방을 차려놓고 물건을 만들어 판매하는 일은 없다. 물론 가정 내에서 부업이나 재택 근무를 할 수도 있지만 특수한 경우일 뿐이다. 집에서 시작한 부업도 규모가 커지면 외부에 별도의 사무실을 마련하지, 그 일을 계속 집에서 하기 위해 더 큰 집으로 이사를 가는 경우란 거의 없다. 그러나 이렇게 주택이 주거 전용이 된 것은 불과 200~300년 전의 일이고 그전까지 주택은 주거 공간과 생산 공간이 합쳐진 직주혼합(職住混合) 혹은 직주일치(職住一致) 공간이었다.

직주혼합의 예는 지금도 더러 볼 수 있는데, 가게 뒤편으로 방이나 작은 공방이 딸린 집, 또는 시골 우체국 뒤에 있는 관사나 시골 학교 한 구석에 마련된 선생님의 집이 그렇다. 나아가 집무실과 관저가 한 울타리 안에 있는 청와대나 업무를 보는 편전(便殿)과 잠을 자는 침전(寢殿)이 궐 안에 함께 있는 경복궁도 직주혼합이다. 조선시대 백성의 대부분을 차지했던 농부의 주거 형태도 직주혼합이다. 대부분의 농부는 집 근처의 논밭에서 일을 하다가 점심때가 되면 아내가 내온 새참을 먹었을 것이다. 이렇듯 직주혼합은 매우 일반적인 현상으로 사대부 계층도 마찬가지였다.

중앙관료로 진출한 사대부들은 매일 아침 관청으로 출퇴근을 했기 때문에 직주분리(織住分離)라고 생각하기 쉬우나 공무는 관청에서만 본 것이 아니었다. 요즘 직장인의 업무 후 회식자리나 정치인의 각종 회동, 기업인의 사업상 만남도 모두 퇴근 후 별도의 음식점과 술집에서 이루어지듯 조선도 마찬가지였다. 다만 음식점과 술집, 찻집이 따로 없었던 당시에는 이것을 각자의 집에서 해결했는데, 이를 전담하는 공간이 바로 사랑채였다.

대개 조선시대 주거 건축의 큰 특징을 이루는 사랑채는 남녀 차별의 공간이었다고 알려져 있다. 다시 말해 부부유별(夫婦有別)과 남녀칠세부동석(男女七歲不同席)의 유교 규범을 실생활에 구현하기 위한 물리적 장치로서 사대부가의 남자아이는 일곱 살만 되면 어미의 치마폭을 벗어나 사랑채에서 생활했고, 부부별침(夫婦別寢)의 원칙에 따라 아내는 안채에 남편은 사랑채에 기거했으며, 특히 아녀자가 사랑채의 문턱을 넘는 것은 금기였다는 등의 이야기가 널리 알려져 있다. 하여 사랑채와 안채의 구분이 조선시대 성적 불평등의 기제로 작용했다는 결론까지 이끌어내지만, 엄밀히 말해 사랑채는 남성과 여성을 구분하기 위한 장치였다기보다 주택 안에 존재했던 공적 영역이었다.

사대부 주택의 사랑채와 안채 │ 조선시대 사랑채는 남성의 영역이라기보다 공적인 영역이었으며, 당시 여성
은 사회적 활동을 하지 않았기 때문에 공적 영역인 사랑채에 나올 일이 없었을 뿐이다. 그림을 보면 사랑채에서는 남
자들이 손님과 담소를 나누거나 공부를 하고, 안채에서는 여성들이 길쌈을 하거나 그네를 뛰고 있다. 〈삼공불환도〉 부
분, 김홍도, 1801, 호암미술관 소장.

부언하자면 '사랑채＝남성 영역, 안채＝여성 영역'이 아닌 '사랑채＝공적 영역, 생산 기능 담당', '안채＝사적 영역, 주거 기능 담당'이었으며, 다만 여성은 사회적 활동을 하지 않았기 때문에 공적 영역인 사랑채에 나올 일이 없었다는 것이 더 정확한 표현이다. 지금도 남편의 직장에 아내가 마음대로 들락거리지 않는데, 이는 여성 차별이나 억압이 아닌 공/사의 구분일 뿐이다. 반대로 남편도 아내의 직장에 함부로 출입하지 못함을 기억해야 한다. 주택 내의 공적 영역인 사랑채도 마찬가지였다.

클럽은 남성 전용, 레스토랑은 남녀 혼용

현재 우리는 집을 밥을 먹고 잠을 자는 곳 내지는 주말에 TV를 보며 쉬는 곳이라 생각하고 있다. 집에서 하는 일을 생활 위주의 소비 활동으로만 생각하고 있어서 '집에서 일어나는 생산 활동'이라 하면, 밥을 지어먹는 일 아니면 아이를 낳아 기르는 일 정도만 생각할 것이다. 그러나 생산 활동이란 경제적 수익이 있는 노동 활동으로, 농민이라면 농작업, 중세 유럽의 상공인이라면 물품의 생산과 판매가 될 것이다. 과거 농민에게는 타작을 하는 앞마당과 돗

52

자리를 짜는 마루가, 상인에게는 물건을 만들고 파는 공방이 집 안에 존재했던 생산 공간이자 공적 공간이었다. 또한 고된 노동에 종사하지 않았던 부유층과 귀족계층이라 하더라도 문서를 보관하고 편지를 쓰며 손님과 사업 이야기를 할 만한 방이 있어야 했으니, 그곳이 바로 생산 공간이자 공적 공간이었다.

주택이 공/사 영역으로 명확히 나뉜 예로는 고대 로마제국의 도무스(domus) 주택을 들 수 있다. 일찍이 상업도시로 번창한 로마는 내부에 중정(中庭)을 갖는 도시형 주거가 발달했는데, 도무스 주택은 두 개의 내부 중정을 갖고 있었다. 현관을 들어서면 우선 첫 번째 중정인 아트리움(atrium)과 타블리눔(tablinum)이라는 방이 있었으며, 후면에는 다시 페리스타일(peristyle)이라는 두 번째 중정이 있고 주변에 부엌과 가사실, 침실을 비롯한 공간이 놓여 있었다. 타블리눔은 말 그대로 테이블(table)이 있어 가장이 이곳에 앉아 업무를 처리하고 문서를 보관했던 집무실이자 사무실이었다. 요즘은 사무실(오피스) 건물이 따로 있어 출퇴근을 하지만 별도의 사무실이 없었던 당시에는 각 집에 타블리눔이 하나씩 있어야 했고, 이곳에는 아내와 아이들의 출입이 제한되었다. 타블리눔을 지나 안쪽에 마련된 두 번째 중정인 페리스타일은 가족이 머무는 사적 영역이어서 손님의 출입이 제한되었다. 따라서 도무스는

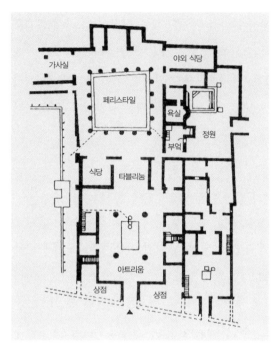

가사실

야외 식당

페리스타일

욕실

정원

부엌

식당

타블리눔

아트리움

상점

상점

공적이자 생산 기능을 담당하는 아트리움과 사적이자 소비 주거 기능을 담당
하는 페리스타일로 구분되어 있었다.

　　이때 오해하지 말아야 할 것은 주택이 공/사로만 나뉠 뿐 남/녀로 나
뉜 것은 아니라는 점이다. 유럽의 문화는 크게 게르만 문화권(영국, 독일 등)과

라틴 문화권(이탈리아, 프랑스 등)으로 나뉘는데, 게르만 문화권에서는 남녀의 공간 구분을 엄격히 하지만 라틴 문화권에서는 그 구분이 거의 없다. 그래서 게르만 문화권에 속하는 영국의 주택과 라틴 문화권에 속하는 프랑스, 이탈리아의 주택은 매우 다르다. 영국의 주택은 손님을 초대해 정찬(dinner)을 대접하는 식당(dining room)과 서재 등 남성의 공간을 2층에 두고, 여성 거실(drawing room)과 가족실 등을 3층에 두었다. 이때 여성들은 남성과 함께 식당에서 식사를 한 후 조용히 일어나 여성 전용 거실로 물러나와(withdraw) 따로 모였고, 그래서 그 명칭이 물러나는 방(drawing room)이다. 남성들은 식당에 계속 앉아서 본격적인 이야기를 시작했다. 한편 라틴 문화권에서는 식당에서 식사가 끝난 뒤에도 남녀는 계속 함께 앉아 있었고, 그 후에는 살롱으로 함께 자리를 이동했다. 다시 말해 살롱·식당·응접실 등에는 아이들의 출입만 제한되었을 뿐 여성의 출입까지 제한된 것은 아니었고, 오히려 여주인이 모습을 나타내지 않는 것을 큰 실례로 여겼다.

게르만 문화권에서의 성별 분리는 지금도 그 흔적이 남아 있다. 프랑스나 이탈리아의 레스토랑이 남녀 혼용 공간으로 인식된 것과 달리 영국과 미국의 펍(pub)이나 클럽(club)은 대개 남성 전용 공간으로 인식되고 있다. 본디 영국 남자들은 집에서 저녁식사를 한 후 펍에 나와 맥주를 마시면서 신문을 읽거나 동료들과 한담을 즐기며 소일하는 습관이 있다. 또한 상류계층의 신사들은 펍보다는 자신의 지위와 취미에 걸맞은 클럽에 나가 교류하는 일이 많았는데, 이러한 모습은 쥘 베른의 『80일간의 세계일주』나 아서 코난 도일의 '셜록 홈즈 시리즈' 같은 19세기 영국 소설에도 잘 나타나 있다.

　이렇듯 '펍'이나 '클럽'은 남성적인 느낌이 강해서 지금 우리나라에서도 '클럽'이라는 명칭이 붙은 것은 대개 남성 전용이다. 유흥 주점을 점잖게 표현한 '비즈니스클럽'과 프랜차이즈 이발업소인 '블루클럽'을 비롯해서 남성복 브랜드로는 'ㅇㅇ클럽', 'ㅇㅇ멤버' 등도 많은데 이때 멤버는 클럽의 회원을 말한다. 클럽에 따라서는 가입 조건이 매우 까다로운 곳도 있기 때문에 클럽의 멤버가 된다는 것은 자부심을 가질 만한 일이었다.

　이와 달리 이탈리아나 프랑스의 남자들은 저녁시간을 가족이나 연인과 함께 보내는 경우가 많았으며, 특히 프랑스에서는 레스토랑과 살롱 문화가 유명했다. 지금도 '에스테틱 살롱'이나 '헤어 살롱'처럼 '살롱'이라 이름 붙은 시설은 대개 여성 전용인데, 본디 살롱은 공적이고 사회적인 공간이지만 여성의 출입이 제한된 곳이 아니었다.

옛날에는 안채가 크고 넓으며 바깥채가 낮고 작았는데

사랑채에 대한 또 다른 오해는 그것이 조선 왕조 500년을 통틀어 굳건히 존재한 건축 요소라는 것이다. 기실 사랑채라는 독립된 건물이 등장하는 것은 조선 중기 이후이며, 고작 100~200년 정도를 존속하다가 후기에 접어들어 유명무실화되기 시작했다. 우리말에서 '채'는 "집이 모두 몇 채"라고 표현하는 것처럼 독립된 하나의 건물을 가리킨다. 따라서 사랑채라 하면 '별도의 건물로 독립된 사랑'을 말하는 것인데, 조선 초기에는 사랑이 별도의 건물로 독립되지 않고 살림채 한구석에 딸려 있는 경우가 많았다.

　　월성 손씨의 씨족마을인 경북 경주의 양동마을에 있는 서백당(書百堂, 회재 이언적의 생가, 1458년 건립)과 관가정(觀稼亭, 우재 손중돈의 고택, 1490년 건립), 그리고 풍산 류씨의 씨족마을인 경북 안동의 하회마을에 있는 충효당(忠孝堂, 서애 류성룡의 고택, 17세기 초 건립)과 양진당(養眞堂, 류성룡의 형인 겸암 류운룡의 고택)에서 볼 수 있듯이 조선 초기와 중기에 세워진 사랑은 별도로 독립된 사랑채가 아니라 살림채 한구석에 마련된 누마루와 사랑방에 불과했다. 그러나 18세기 이후 사랑은 점차 비대해지면서 별도의 건물로 독립했는데, 이는 당시의 기록인 정약용의 『아언각비(雅言覺非)』에도 분명히 드러나 있다.

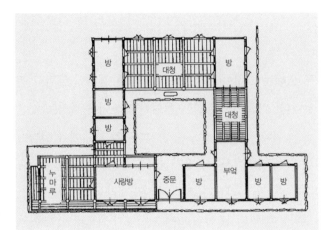

옛날 풍속에 의하면 안채[內舍]가 크고 넓으며 바깥채[外舍]가 낮고 작으면서 별다른 시설이 없었으므로 중국의 이름을 따라 사랑(舍廊)이라 불렀다. 그런데 지금 세상에는 사랑채가 더욱 넓고 크므로 사랑이란 이름은 합당하지 않게 되었다.

― 강영환, 『한국 주거문화의 역사』에서 재인용

옛날에는 살림채인 안채가 더 크고 넓은 반면 그 앞에 마련된 바깥채는 작고 별다른 시설이 없어 사랑(舍廊)이라 불렀다는 내용이다. 여기서 사(舍)는 교사(校舍)나 역사(驛舍), 객사(客舍)와 같이 지붕과 벽체가 있는 일반

건물을 지칭하는 말이고, 랑(廊)은 지붕만 있고 벽체는 없는 건물을 말한다. 그래서 경복궁의 근정전 마당을 담벼락처럼 둘러싸고 있는 건물을 행랑(行廊)이라 하며, 예전에는 복도를 낭하(廊下)라고도 했다. 또한 그리스의 신전 앞에 있는 기둥이 빽빽이 들어찬 복도를 주랑(柱廊)이라 하며 이러한 주랑 곧 스토아(Stoa)에 모여 앉아 학문을 토론했던 그리스 학자들을 '스토아학파' 혹은 '주랑학파'라 부른다. 이처럼 '랑'은 본 건물에 딸린 곁채 또는 부속 건물의 성격이 강하다. 따라서 안채는 본채이지만 바깥채는 그에 딸린 곁채이므로 '사랑'이라 불렀지만, 조선 후기 오히려 사랑이 안채보다 더욱 넓고 커졌으므로 '사랑'이란 이름이 유명무실해졌다는 것이 정약용의 지적이다. 즉 사랑은 본디 안채에 부속된 곁채였고, 이는 도면에서도 확인이 된다.

또한 조선시대 여성의 지위가 남성에 비해 열악했던 것처럼 사랑채는 크고 화려하지만 안채는 작고 초라했을 것이라고 오해하기 쉽다. 그러나 사실은 안채가 사랑보다 더 크고 중요한 공간이었다. 전통 건축에서 어느 공간이 위상이 높은가 또는 어느 공간이 중요한 공간인가를 판단하는 기준은 그 위치가 뒤편에 있을 것, 규모가 크고 높이가 높을 것 등인데, 안채는 이 조건을 모두 갖춘다. 우선 안채는 항상 사랑채보다 규모가 크다. 숙종조의 유학자 명재 윤증(明齋 尹拯, 1629~1714)의 고택(충남 논산군 노성면, 17세기 건립), 영일 정씨

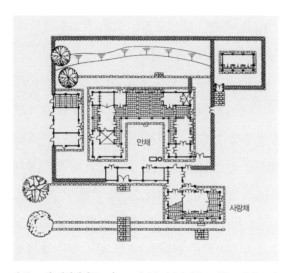

의 매산종택(경북 영천군 임고면, 1870년 건립), 구 레 운조루(1776년 건립) 등을 보면 알 수 있듯 이 당시의 명문가들은 모두 ㄷ자나 ㅁ자형의 안채 앞에 ㅡ자형의 사랑채가 붙어 있어 우선 규모 면에서 안 채가 사랑채를 압도한 다. 또한 안채는 언제

윤증 고택 배치평면도 | 17세기에 건립된 윤증 고택을 보면 규모 면에서 ㄷ자형의 안채가 ㅡ자형의 사랑채를 압도하고 있음을 확인할 수 있다.

나 사랑채의 뒤편 곧 안쪽에 있어 그 이름이 '안채'이며, 사랑채보다 기단의 높이가 높거나 혹은 건물의 높이가 더 높다. 이것은 동양의 전통적인 건축 미학과 연관이 깊다.

프랑스의 베르사유 궁전이나 루브르 박물관을 보아서도 알 수 있듯이 서양의 미학은 모든 것을 한번에 펼쳐놓고 보여주어 장엄함을 연출하는 기법을 좋아한다. 그러나 우리의 전통 미학은 경복궁에서도 보이는 것처럼 광화문→홍례문→근정문→근정전→사정전→교태전 순으로 긴 축선을 형성하면서 차츰차츰 보여주는 방식을 선호한다. 이는 사찰이나 유교 건축도 마찬가지이다. 대웅전은 사찰의 가장 뒤편에 있으며, 서원과 향교에서도 대개 강학 공간인 명륜당(明倫堂)이 앞에 놓이고 성현에 대한 배향 공간인 대성전(大聖殿)이 뒤쪽에 놓인다. 민가도 집 밖에서 보았을 때 대문 너머로 사랑채, 안채와 그 뒤편 사당의 지붕 선이 서로 중첩되어 멀어지다가 마침내 뒷동산 쪽으로 아련히 사라지는 미학을 좋아했다. 이때 지붕 선이 겹쳐 보이려면 필연적으로 후면에 있는 안채의 지붕이 사랑채보다 더 높아야 한다. 만약 안채의 지붕이 사랑보다 낮다면 대문 앞에 섰을 때 사랑채밖에 보이지 않는 평면적이고 단편적인 집이 된다.

더욱이 건물이 높아지려면 기단도 함께 높아야 하기 때문에 사랑채의 기단보다 안채의 기단이 훨씬 높고, 그래서 안마당에 서 있는 사람의 눈높이와 마루에 선 사람의 버선발 높이가 같아지는 경우도 생긴다. 이를 두고 마당에서 마당쇠가 마루에 서 있는 안방마님의 얼굴을 똑바로 바라보지 못하게 만든 장치, 즉 머슴과 안주인 간의 신분 격차와 남녀 간의 내외 개념으로 해석하지만, 중첩되는 지붕 선을 보여주는 동양의 전통 미학을 따르다 보니 결과적으로 안채의 기단이 높아진 것뿐이다. 사실 안채는 여성과 아이들이 이

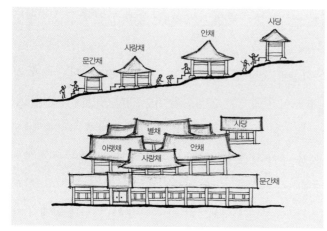

용했기 때문에 긴 치마를 입고 높은 기단을 오르내리는 것은 자칫 위험하기도 했다.

　　이와 달리 사랑채는 기단은 낮아도 좀 더 화려하고 장식적인 요소가 많다. 이는 사랑채가 손님 접대에 사용되는 공간이기 때문에 고급스럽게 꾸민 것인데, 우리가 집에서 입는 평상복과 나들이할 때 입는 외출복이 다르고 평상시 먹는 밥상과 손님이 왔을 때 차리는 교자상이 다른 것과 같은 이치이다. 가족 구성원이 일상적으로 거처하는 안채와 손님이 자주 오는 사랑채의 격식이 결코 같을 수 없었을 뿐이지, 흔히 생각하듯 남녀의 성적 불평등이 안

62

채와 사랑채의 장식 요소에까지 영향을 끼친 것이 아니다.

요사이 한양에는 사랑채와 안채를 연결시켜서

조선 초기 안채 한구석에 마련되었던 사랑은 중기 이후에 별도의 사랑채로 독립되었으나 후기에는 도리어 안채와 연결되는 통로가 생기기 시작한다. 사실 안채와 별도로 독립된 사랑채는 사용자 입장에서 매우 불편했다. 가장은 사랑채에만 머문 것이 아니라 안채와 사랑채 전체를 통어(統御)하며 들락거렸고, 안주인 역시 사랑채에 손님이 오면 음식상을 차려 내가야 했다. 편리함만 따진다면 안채와 사랑채를 완전히 붙여 짓는 것이 좋지만, 부부유별과 부부별침을 주요하게 생각한 사회에서는 그렇게 할 수 없었다. 더구나 조선은 예학 중심의 주자가례(朱子家禮)를 받아들이면서 부부별침을 국가적 정책으로 내세우기까지 했는데, 이는 매우 모순된 일이기도 했다.

혼인이란 자손을 보기 위한 목적이 우선인데 부부가 별침을 하다 보면 자손을 보기가 어려워지고 무엇보다 절손(絕孫)은 큰 불효였다. 그래서 겉으로만 부부별침을 내세울 뿐 합방을 묵인했으며 편의를 위해 비밀 통로를 두기도 했다. 이런 통로는 아들이 머무는 작은사랑과 며느리가 있는 건넌방을 연결하는 경우가 많았는데, 작은사랑에서 벽장문을 열고 다락으로 올라가면 건넌방으로 통하는 샛문이 있다든지, 또는 작은사랑에서 뒷문을 열면 안채로 통하는 개구멍이 있다든지 하는 식이어서 신혼의 새신랑들은 이 길을 통해 밤늦게 안채에 들었다가 새벽에 사랑으로 돌아오곤 했다.

그런데 한 집 안에서 이러는 것도 어색한 노릇이어서 조선 후기가 되면 표면적으로는 안채와 사랑채를 분리시켜 짓되 서로 복도나 툇간으로 연결하여 편리를 추구하는 양상을 보인다. 18세기 조선 사회의 백과전서라 할 수 있는 서유구(徐有榘, 1764~1845)의 『임원경제지(林園經濟志)』에는 다음과 같은 기록이 전한다.

집을 지을 때는 무엇보다 먼저 안과 밖을 구별해야 한다. 요사이 서울 안의 세력 있고 부유한 집을 보면, 가옥은 웅장하지만 왕왕 바깥채(사랑채_인용자주)와 내실(안채_인용자주)을 연결시켜서 비가 내릴 때 맨발로 출입하기에 편리하도록 만들었다. 심지어는 창호를 마주보게 설치하여 내실에서 나는 소리가 바깥까지 새어 나온다.

— 서유구, 『임원경제지』, 안대회 엮어옮김, 『산수간에 집을 짓고』 중에서

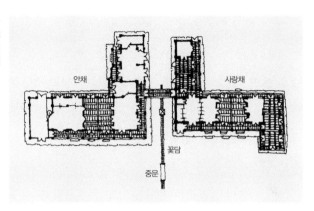

안채

사랑채

꽃담

중문

　　조선 후기 안채와 사랑채를 서로 연결하고 창호를 마주보게 설치하여 동선을 바로 연결시킨다는 이 기록은 주택이 전통적인 가치 규범을 따르는 것에서 실생활의 편의를 추구하는 방향으로 나아가고 있음을 보여준다. 서유구는 실사구시의 학풍을 추구한 이른바 실학자였다. 그러한 사람이 생활의 편리함을 따져 안채와 사랑채를 연결하는 것을 비판적 시각으로 바라보고 있는 것이 의외이긴 하나, 조선 후기 많은 사대부가에서 실학자의 눈에도 낯설게 보일 만큼 생활의 편의와 실리를 추구했다는 것만은 사실이다.

　　김해 김씨 파종택(전북 익산군 함라면, 1922년 건립)과 화성시 서씨집(경기도 화성시 궁평리, 1887년 건립)은 안채와 사랑채 사이에 긴 툇마루가 연결되어 있어 조선 후기 안채와 사랑채 사이의 연결 모습을 잘 보여준다. 분명 건물은 서로 별개로 짓고 그 사이에 꽃담과 중문까지 만들어놓았지만 툇마루로 연결한 모습을 보면, 건축의 형태를 결정짓는 데는 실리적인 이유 외에 규범적 이유, 형식적 이유, 때로는 과시적 이유까지 있음을 알게 된다. 당시 사회의 가치 규범에서는 안채와 사랑채를 반드시 구분해서 지어야 했기 때문에 떨어뜨려 짓고 담장까지 설치했지만 편의를 위해 통로를 만든 것이다. 그리고 이러한 과시적 이유와 실리적 이유가 교묘하게 결합된 것이 조선 후기 신진계층으로 떠오른 부농계층의 사랑채였다.

만석꾼 부잣집엔 계집도 사랑채를 두고

조선 후기 농업은 이앙법(移秧法)과 시비법(施肥法)의 확산으로 비약적으로 발전하게 된다. 어린 모를 모판에 따로 기른 다음 논에 옮겨 심는 이앙법은 모내기철에 충분하게 비가 오지 않으면 그해 벼농사를 망칠 수도 있었기 때문에 본디 금지하고 있었다. 그러나 후기 사회에 접어들어 인공 저수지를 개발해 가뭄에도 대처할 수 있게 되자 이앙법을 장려했고 농업생산량 또한 늘어났다. 농사는 특정 작물을 집중적으로 재배하는 행위이기 때문에 지력을 많이 소모하게 된다. 그래서 한두 해 경작한 후 휴경 기간을 두었는데, 비료를 주는 시비법의 발달로 휴경이 없어지자 생산량은 더욱 증대했다. 이리하여 부를 축적한 농민, 이른바 부농계층이 새로운 사회계층으로 떠올랐다. 이들은 재력을 바탕으로 사대부 주거를 모방한 주택을 신축했는데, 이때 가장 먼저 한 일은 과시적인 사랑채를 짓는 일이었다.

사랑채는 가장이 머무르면서 공부와 독서를 하고 때로 손님 접대를 통해 정보를 습득하는 곳으로, 본디 사대부가 남성들의 전유물이었다. 대개 상류계층일수록 폐쇄된 그들 사회 내에서의 친목 도모는 중요한 일이 되어서, 상호 간의 방문과 선물 교환 비율이 높아지고 자녀의 혼사도 폐쇄적인 계층 내 혼인 경향을 강하게 보인다. 그리고 활발한 친목 도모를 하기 위해서는 주택에서 접대 공간이 차지하는 비율이 높아야만 했다.

한 가계의 전체 지출 중 식비가 차지하는 비율이 높을수록 저소득층에 속하며, 반대로 식비 지출은 낮고 문화비와 경조비 지출이 높을수록 고소득층이라는 경제학의 엥겔지수 이론이 있다. 이를 건축에 적용한다면 침실과 부엌 등 반드시 있어야 하는 공간이 식비 지출에 해당할 것이고, 응접실이나 식당(단순히 가족이 밥을 먹는 곳이 아닌, 손님을 초대해 격식을 갖춘 식사를 하는 방)이 문화비, 경조비 지출에 해당할 것이다. 따라서 저소득층 주택일수록 주택 내에서 침실과 부엌이 차지하는 비율이 높은 반면 상류주택일수록 취미실, 서재, 응접실, 식당 등이 부가되어 결과적으로 침실과 부엌의 비율이 낮아진다. 전통 주거는 사랑채의 비율이 높을수록 상류계층이었기 때문에, 부농이라는 신흥 부유층이 기존 상류계층을 따라 모방 소비를 하게 되면서 필요 이상으로 많은 사랑채를 두게 되었다. 사대부가에서는 아버지와 아들이 하나의 사랑채를 함께 사용했지만, 부농 주거에서는 큰사랑채와 중사랑채라 하여 두 개의 사랑채를 두거나 심지어 '안사랑채' 라는 여성 사랑채까지 두었다.

안사랑채의 건립은 정여창 고댁(경남 함양), 임청각(경북 안동), 김동수 가옥(전북

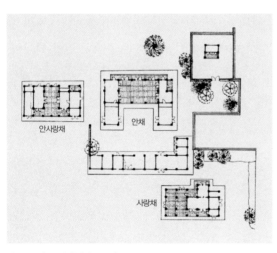

김동수 가옥 배치평면도 | 18~19세기 지방의 부농 주거에서는 안사랑채 건립이 두드러진 현상이었다.

정읍), 윤보선 전 대통령 생가(충남 아산), 운강고택(경북 청도), 추사 김정희 고택 (충남 예산), 김상만 가옥(전북 부안)처럼 18~19세기 지방에 건립된 부농 주거에 서 두드러지는 현상이었다. 부언하자면 이 시기 한양 사대부가에서 안사랑채 가 건립된 예는 없고 지방의 부농 주거에서만 두드러지는 현상이기 때문에, 사랑채가 사대부 남성들의 전유물이었다는 선입견을 가진 우리를 당황하게 만든다.

그러나 사대부가의 사랑채와 부농 주거의 사랑채는 형태와 기능에서 사뭇 달랐다. 사대부가의 사랑채가 방보다 마루의 비율이 높고 방의 개수가 적었다면, 부농계층의 사랑채는 마루가 작고 방들은 여러 개로 나뉘어져 있 었다. 앞서 사랑채를 공적 공간, 안채를 사적 공간이라 했는데 이는 좀 더 세 분해볼 수 있다. 같은 사랑채라 하더라도 사랑방에 혼자 앉아 글을 읽는 경우 와 사랑대청에 많은 손님을 불러 모임을 갖는 경우가 있기 때문에 방은 보다 사적인 공간, 마루는 공적인 공간이 된다. 안채도 안방에서 혼자 바느질을 할 때가 있는가 하면 마루에 모두 모여 제사를 지낼 때가 있다. 예로부터 집안에 서 치르는 가장 중요한 일을 봉제사 접빈객(奉祭祀 接賓客)이라 했는데, 봉제사 는 안채 마루에서, 접빈객은 사랑채 대청에서 하기 때문에 방이 사적인 공간 이라면 마루는 공적인 공간이었다.

그런데 사대부 주거의 사랑채에서는 마루가 6~7할의 비율을 차지하고 방은 큰사랑과 작은사랑, 책방 등 2~3개에 불과하지만, 부농 주거의 사랑채는 마루가 3~4할이고 방이 4~6개에 이른다. 이렇게 많은 방은 주로 창고, 고방, 곳간, 머슴방 등 수장용과 침실로 쓰이는데, 주택 내에서 침실의 비율이 높아질수록 저소득층이 됨은 이미 언급한 바 있다. 다시 말해 사대부가의 사랑채가 마루라는 공적 공간의 비율이 높아 접객이라는 사랑채 본연의 성격에 충실하다면, 부농 주거의 사랑채는 침실이라는 실용적 공간의 비율이 높다. 이러한 차이는 안사랑채에서 더욱 두드러져서, 마루의 비율은 2할 정도로 더욱 낮아지고 마루 한 칸에 두세 칸의 방이 있는 형식이 대부분이었다. 심지어 김상만 가옥의 안사랑채는 마루가 없이 세 개의 방으로만 이루어졌는데, 그 용도는 대개 창고나 곳간이었다.

　　부농은 본업인 농업에 충실해야 하므로 사대부 계층처럼 사랑에 앉아 글을 읽거나 손님과 한담을 나누는 것이 어려웠다. 그럼에도 불구하고 한 집에 사랑채가 두세 채까지 등장하는 것은 신흥 부유층이 흔히 보이는 모방 소비의 전형이라 하겠다. 조선 후기는 급격히 약동하는 사회였다. 화폐경제가 폭넓게 확산되고 있었고 노비 속량(贖良)이나 양반의 공명첩(空名帖) 판매가 양성화되면서 누구나 신분 상승이 가능하게 되자 "돈만 있으면 개도 멍첨지"

라는 말이 유행했다. 물론 최근에도 이와 비슷한 말이 나온 바 있다. 서울 강남의 개포동은 1970년대만 해도 논밭이 전부인 몹시 외진 곳이었는데, 1980년대 이후 강남 개발 붐을 타고 갑자기 부촌이 되자 "개포동은 원래 개도 포기한 동네였지만 지금은 개도 포니를 타고 다니는 동네가 되었다"라는 우스갯소리가 나왔다. '포니(Pony)'는 우리나라에 오너드라이버와 마이카 시대를 여는 데 한몫을 했던 중저가 승용차로, 신흥 부유층의 과시적 소비를 은유한다. 그러므로 부농계층의 안사랑채 역시 "돈만 있으면 글을 모르는 계집도 사랑채를 둘 수 있다"는 과시적 모방 소비를 상징하며, 대부분의 모방 소비가 그러하듯 단지 외형만을 모방했을 뿐 실제 사용 행태까지는 습득하지 못했다.

무엇보다 안사랑채는 그 동선 형식에서 특이한 양상을 보인다. 공간의 기능상 문간채→사랑채→안채로 이어지면서 뒤쪽으로 갈수록 점차 외인의 출입이 금지된 사적인 공간이 되는 것이 일반적이다. 따라서 기능으로 따진다면 문간채→바깥사랑채→안사랑채→안채로 이어지는 것이 순차적 구성이겠으나, 부농 주거의 안사랑채는 바깥사랑채와 나란히 놓이거나 때로 바깥사랑채보다 더 앞쪽에 놓이기도 했다. 남녀 간의 동선은 구분되지 않고 복잡하게 뒤엉킨다. 그뿐 아니라 부농 주거의 사랑채는 언제나 안채보다 기단이

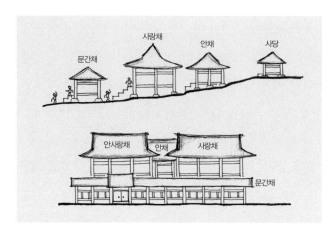

높고 또한 솟을대문이 지나치게 높이 솟아 있다. 대문간→사랑채→안채로
갈수록 기단과 지붕 선이 높아지면서 중첩되는 전통 미학이 파괴된 채 높다
란 솟을대문과 사랑채가 한꺼번에 모습을 드러낸다. 특히 19세기에서 20세
기로 갈수록 안채보다 사랑채가 급격히 높아져 건물 높이가 안채는 3.5m 내
외인 반면 사랑채는 4.7~5.4m 내외로 안채의 1.5배 내지 2배에 이를 정도
로 사랑채가 높아지는 기형적인 양상을 보인다.

　　물론 이런 현상에 대해 전혀 다른 식으로 해석할 수도 있다. 이를테면
마루의 비율을 축소하고 작은 방을 여러 개 둔 것은 형식과 허례에 얽매이지

않고 실용과 실리를 추구한 결과이고, 안사랑채의 등장과 동선의 혼용은 여성의 지위 상승과 남녀평등, 그리고 내외 개념이 희석된 것 등으로 볼 수도 있다. 경우에 따라서 안사랑채는 은퇴한 노년 세대, 특히 여성 노인이 거주하는 곳이기도 있다.

조선시대에는 3대가 한 집에 사는 경우가 많았는데, 어느 시기가 되면 부모 세대는 아들 내외에게 살림을 넘겨주게 된다. 흔히 '안방물림'이라 하여 시어머니가 안방을 며느리에게 물려주고 자신은 뒷방으로 물러나게 되는데, 이때 곳간 열쇠도 함께 넘김으로써 시어머니는 사실상 그 집의 주부(主婦, 경제권을 행사하는 실질적 안주인) 자리에서 물러나게 된다. 또한 아버지도 연로해지거나 기력이 쇠하면 집문서와 땅문서 등 재산의 처분권을 아들에게 넘기면서 큰사랑도 함께 물려주는 것이 관례였다. 즉 가장권은 큰사랑에서, 주부권은 안방에서 행사하게 되는데, 이 모두를 아들 내외에게 넘긴 노년 세대가 기거하던 곳이 안사랑채였다. 그렇다면 이곳은 별당채 혹은 윗채라고 부르는 것이 더 타당하겠지만, 그 명칭이 안사랑채인 것은 '사랑'이 갖는 특별한 상징성 때문이다.

응접세트가 놓인 응접실

칠십이 넘은 늙은 주인은 연한 남색 명주옷을 단정하게 입고 응접실 소파에 기대어
앉아 있었다. (중략) 며느리 정애와 막내딸 영희가 옆자리에 앉아 있었다. (중략) 오빠
는 가는 흰 테 안경을 쓰고 여전히 신문을 보고 있었다. (중략) 걷어 올린 파자마 밑
으로 퍼런 심줄이 내솟는 하얀 살결의 여윈 다리에 털이 무성했다.

— 이호철, 「닮아지는 살들」 중에서

1962년 동인문학상 수장작인 이 작품의 주된 풍경은 아버지, 아들, 며
느리, 막내딸이 '응접실 소파'에 앉아서 전쟁 통에 잃어버려 이제는 오지 못
할 만딸을 기다리는 모습으로, 전체 작품을 통하여 '응접실'이라는 용어가
반복 사용되고 있다. 이 작품뿐 아니라 1960~70년대 소설에서는 응접실과
더불어 '응접세트'라는 용어도 빈번히 등장하는데, 소파세트를 말한다. 대략
1930년대부터 사용되기 시작한 응접실이란 글자 그대로 '손님을 응접하기
위한 방'인데, 이 작품에서는 아들(오빠)이 파자마를 걷어 올린 차림으로 신문
을 보는 등 손님을 응접하기보다는 가족실 겸 거실의 성격이 짙다. 소설을 그
시대의 가장 세밀한 정밀화라고 한다면, 당시의 응접실은 응접 행위보다 가

족 간의 단란 행위가 더 자주 일어나기 시작했던 모양이다. 물론 이 소설의 가족은 그다지 단란하지 못했고, 나중에는 낯선 여자 손님까지 응접실에 등장하기는 하지만 말이다.

집에서 응접 행위가 사라지면서 공적 성격이 축소되는 현상은 조선 말기인 1900년대부터 서서히 나타났다. 우선 안채와 사랑채 간에 연결 통로가 생기면서 사랑채의 공적인 성격은 쇠퇴했고, 근대화와 함께 도시화가 진전되면서 사회 서비스가 증가하고, 이에 과거와 같은 넓은 사랑채가 불필요하게 되었다. 예전에는 손님을 집에서 맞이해야 했으나 기생이 기방을 개업하고 다방이 생기고 '요릿집'이라는 고급 음식점이 들어서면서 외부에서 손님을 접대하는 일도 가능해졌다. 당시에는 기방이나 요릿집을 '사랑방'이라는 은어로도 표현했고, 이 용어는 20~30년 전까지만 해도 노년 계층에서 흔히 사용되었다.

또한 도시의 인구 유입에 따라 주택지가 좁아져 과거와 같이 넓고 큰 사랑채를 신축하는 대신 안채 한구석에 마련된 작은 사랑방에 만족하게 되었다. 서울 성북동의 이재준가(1900년대 건립)를 보면 별도의 사랑채를 두지 않고 안채에 연결된 대청을 사랑방으로 쓰고 있는데, 이처럼 개명한 집에서는 독립된 사랑채 대신 대청마루에 유리 분합문을 달고 소파세트를 두는 것으로

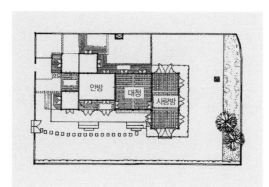

성북동의 이재준가 배치평면도 |
1900년대 건립된 이재준가는 일찍 개명한 집
답게 별도의 사랑방 대신 안채에 연결된 대
청을 사랑방으로 썼으며, 이 대청마루에는 유
리 분합문을 달고 소파세트를 두었다.

만족했다. 그리고 이즈음 사랑방이란 말도 응접실로 바뀌게 되고, '소파'라
는 서양식 의자 일습을 응접세트라 부르기 시작했다. 주택의 공적 기능이 많
이 축소된 것이다.

　본격적인 근대화가 시작되는 1960년대에는 응접실에서 응접 행위가
아닌 가족 단란 행위가 일어나기 시작했고, 고도 성장기이던 1970년대에는
아파트에 처음으로 '거실'이 등장하여 응접실을 몰아내었으며, 30여 년이 흐
른 지금 주택은 공적 공간을 모두 축출하고 완전한 사적 공간, 주거 전용 공
간이 되었다.

소비문화의 상징코드, 서재

1970~80년대는 급격한 공업화, 도시화로 인해 심한 주택난을 겪던 시기였다. 이에 1990년대 분당과 일산 등지에 거대 신도시를 개발하여 주택의 양적 공급을 어느 정도 해소한 지금, 아파트는 미세한 변화를 일으키고 있다. 1980~90년대 아파트 설계는 부부와 두 자녀로 구성된 4인 가족에게 개별 침실을 주기 위해 세 개의 침실과 주방 하나, 거실 하나를 채워 넣는 것이 관건이었다.

그런데 1990년대 후반부터 자녀수가 감소하고 생활수준이 향상됨에 따라 아파트의 크기가 커지면서 개별 침실 외에 하나의 여유 방이 생기게 되는데, 이곳을 대부분 가장의 서재나 취미실로 꾸미는 추세에 있다. 인테리어를 다룬 여성 잡지에는 '남편의 서재 만들기' 같은 기사가 자주 등장하고, TV 광고에서는 "여보, 새 집에 이사 가면 당신 서재 꼭 만들어 드릴게요"라는 아내의 간절한 목소리가 나오기도 하는 등 현재 우리나라 아파트의 화두는 남편의 서재 만들기이다. 그렇게 해서 만들어진 남편의 서재에는 몇 권의 책과 함께 카메라, 오디오, 컴퓨터와 게임CD, 낚싯대, 장기와 바둑판, 각종 수집품 등 주로 그 남자의 취미용품들로 채워지는 것이 현실이다. 따라서 그 방의 정확한 명칭은 남편의 서재(書齋, studying room)가 아닌 남편의 사실(私室, private room)이지만, 모두들 그 방을 서재라 부르고 있다.

　　우리가 어떤 사물을 어떻게 명명하고 호명하는가는 욕망의 구체적 표현이며, 때로 그것이 상류계층의 소비문화를 상징하는 코드가 될 때 더욱 그러하다. 예를 들어 1960~70년대 중산층 아파트에서는 주방 옆에 작은 가정부 방이 마련되어 있었다. 지금처럼 인건비가 비싸지 않던 시절이어서 아버지가 웬만한 직장에만 다니면 시골에서 상경한 소녀를 가정부로 둘 수 있던 터라 주방 옆에 마련된 가정부 방은 중산층임을 표시하는 문화 코드였다.

　　그런데 1970년대 후반이 되면서 중간계층의 아파트에도 가정부 방이 생기기 시작했다. 당시 중간계층의 아파트는 66m²(20평) 크기 정도로 고작 침실 두 개에 거실 하나가 있을 뿐인데도 따로 가정부 방을 둔 것이다. 하지만 그 방은 너무 좁아 사람이 겨우 누울 수 있을까 말까 한 크기였고, 무엇보다 중간계층은 전일제 가정부보다 시간제 파출부를 더 선호했기 때문에 실상 무용지물이었다. 해서 덩치 큰 부엌살림을 두는 창고로 활용되다가 1980년대 이후에는 아예 다용도실로 전환되었다.

　　다시 말해 가정부를 둘 만한 형편이 아닌데도 가정부 방을 두었고, 실제로는 창고로 쓰면서도 명칭만은 반드시 '가정부 방'이라 부른 것이다. 주택 내에 가정부 방이 있다는 것은 자신이 중산층에 속한다는 의미였기 때문에, 그 실제 용도가 무엇이든 명칭은 반드시 가정부 방이라 불러야 했다. 이는 유럽도 마찬가지였다.

19세기 영국에서 산업혁명이 일어나자 일자리를 찾아 몰려든 노동자로 인해 도시는 극심한 주택난을 겪게 되었다. 이에 정부는 값싼 주거를 대량으로 지어 공급했는데, 대개 부엌 하나에 침실 두 개로 이루어진 간단한 집이었고 조금 형편이 나은 경우에는 거실 겸 식당이 마련되어 있었다. 그런데 얼마 후 현관 바로 옆에 스몰 팔러(small parlor, 작은 응접실)라는 방을 둔 집이 등장하기 시작했다.

'팔러'는 영국 상류계층의 응접실을 말하는데, 본디 그 어원이 파롤(parole, 서로 격식을 갖추어 나누는 대화, 랑그langue에 반대되는 개념)에서 유래한 만큼 대화를 비롯한 모든 것에 까다로운 격식을 갖추어야 하는 방이었다. 그런데 고작 침실 두 개에 부엌 하나를 갖춘 노동자 주택에 스몰 팔러를 두었고, 그 이름답게 작아도 너무 작아서 티테이블 하나에 의자 두 개를 놓고 나면 발 디딜 틈조차 없었다. 그런 곳으로 손님을 초대해 파롤을 나누었는지는 의문이지만 어쨌든 명칭만은 스몰 팔러라 불렀다.

같은 시기 프랑스의 노동자 주택에서도 쁘띠 살롱(petit salon, 작은 살롱)

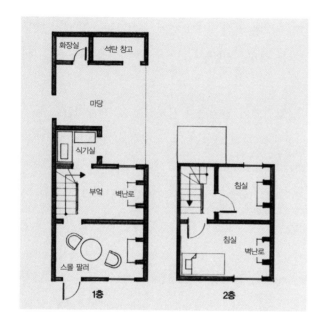

이 유행했지만, 실제 노동자의 아내는 그곳에서 대화를 주도해나가기보다 주로 감자자루를 쌓아두었다.

스몰 팔러와 쁘띠 살롱, 조선 후기 부농계층의 사랑채나 현재 남편의 서재도 모두 마찬가지이다. 사랑채가 사대부 계층의 주거문화를 상징하는 코드였기 때문에 부농 주거에서 그것의 실제 용도가 곳간이나 창고라 해도 명칭은 반드시 사랑채라 해야 했던 것처럼, 학력자본이 곧 경제자원으로 환원되는 현대 사회에서 서재가 가장의 취미실이나 사실이라 해도 그 명칭만은 반드시 서재라 불러야 한다. 우리나라의 중고생은 새벽부터 늦은 밤까지 학교와 학원 공부로 여념이 없는데, 이는 명문대학에 입학해야 취업에 유리하다는 학벌사회의 단면을 보여준다. 정보와 지식이 곧 돈으로 환원되는 사회에서 지식과 정보의 습득 장소인 서재는 중간계층 이상이라면 반드시 갖추어야 하는 방이며, 설사 그 용도가 공부방이 아닌 놀이방이라 해도 명칭만은 반드시 서재여야 하는 것이다.

　　한편 조선의 사랑방이 개화기의 응접실을 거쳐 현재 서재로 변화하기는 했으나 사랑, 응접실, 서재는 그 성격이 다르다. 사랑이 여자와 아이들의 출입이 금지된 완전한 공적 공간이었다면, 응접실은 응접 행위를 포함하여 가족 단란 행위도 함께 일어나는 공과 사가 혼합된 공간이었고, 지금의 서재는 가족 단란 행위나 응접 행위는 전혀 일어나지 않은 채 가장이 혼자 지내는 공간이다. 현재 서재의 내밀성은 오히려 침실보다 더 높아서, 남자가 침실에 혼자 있을 때 아내가 들어오면 그다지 불편해하지 않지만 서재에 있을 때 아내가 들어오면 몹시 불편해한다. 정리하자면 사랑채→응접실→서재로 변화하는 동안 공적인 성격이 점차 사라지면서 내밀해졌다고 볼 수 있는데, 이는 주택에서 공적 공간이 탈락하면서 전반적으로 내밀화되는 경향과도 일치한다.

로마 도무스 주택의 아트리움에서 조선 사대부가의 사랑채까지, 주택 내에 존재했던 공적 공간은 모두 사라지고 이제 주거는 완전한 사적 공간이 되었다. 요즘의 아파트에는 핵가족만이 살고 있어서 집에 돌아오면 제일 먼저 외출복을 벗고 간단한 옷차림으로 지낸다. 때로 속옷 차림으로 지내는 사람도 있기 때문에 문 밖에서 누가 초인종을 누르면 먼저 옷부터 입어야 할 정도로 지금의 주택은 내밀한 공간이다. 그리고 부부 침실 안에 파우더룸과 드레스룸이라는 더 작은 방을 만드는 것으로 내밀화와 내향화의 극단을 달리고 있다. 화장을 하고 옷을 갈아입는 것은 원래 침실에서 하는 것이지 그 안에 따로 마련된 상자곽 같은 작은 방에서 혼자 해야 할 만큼 비밀스러운 일이 아닌데도 사각형의 내부에 사각형의 내부에 건축무한육면각체를 만들어 넣고 있다.

한양은 지는 해요, 화성은 뜨는 해라

중세의 가을이던가

피지 못한 꽃, 지어지지 못한 집

03

가라 허느쇼오, 가라 도로 지이쇼오

홑집에서 겹집으로

싱것들과는 함부로 어울릴 수 없으니

육중한 대문 안에 아자살 용자살 창호를 달아

가지는 사랑체, 작아지는 안채

1999년에 결혼을 하고 처음 신접살림을 차린 집이 79m²(24평) 아파트였다. 그 무렵 나는 회사에서도 신출내기여서 현관 앞 신발장이나 드레스룸의 붙박이장 짜넣기 같은 자질구레한 일을 도맡아 하고 있었다. 물론 그런 집은 231~397m²(70~120평) 정도의 대형 아파트라서 안방 구석에 마련된 드레스룸이 우리 집 안방만 했고, 신발보다는 골프 가방이나 스키세트가 들어 있어 신발장이라는 이름을 무색하게 만드는 수납장이 신혼 방에 놓인 아홉 자 장롱 크기만 했다. 사람들은 대체 저런 집에는 누가 사는가가 궁금한 모양이었지만, 나는 저렇게 큰 집은 어떻게 설계를 하는가가 더 궁금했다. 공간이 너무 넓으면 어디서부터 어떻게 손을 대야 할지 난감한 법이다. 해서 들여다본 선배의 제도판, 그러나 그는 놀랍게도 쉽게 문제를 풀었다. 그것은 마치 커다란 판에 놓인 두부를 자르는 것과도 같았다.

79m²형 아파트는 사각형 공간을 十자 모양으로 잘라 네 귀퉁이를 각각 큰방, 작은방, 거실, 주방으로 만든 다음, 가운데에 복도를 두고 화장실과

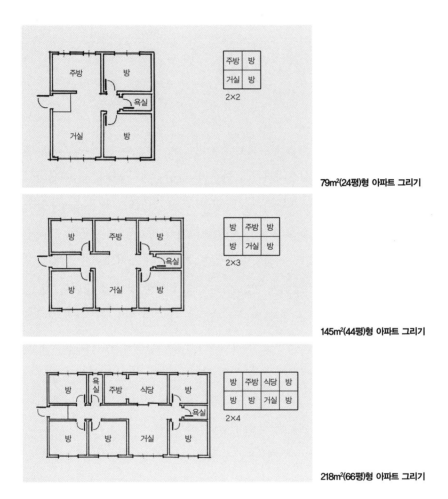

주방	방
거실	방

2×2

79m²(24평)형 아파트 그리기

방	주방	방
방	거실	방

2×3

145m²(44평)형 아파트 그리기

방	주방	식당	방
방	방	거실	방

2×4

218m²(66평)형 아파트 그리기

현관 등을 붙이면 된다. 145m²(44평)형은 丗자 모양으로 6등분하여 네 귀퉁이에 하나씩 침실을 두고 앞쪽 가운데 칸에는 거실, 뒤쪽 가운데 칸에는 주방을 둔 다음 가운데에 복도를 두고 화장실과 현관을 만들면 된다. 218m²(66평)형도 마찬가지였다. 전체를 8등분하여 거실을 두 칸, 주방 겸 식당을 두 칸으로 만들고 그 나머지 공간에 다섯 개의 방을 차례로 넣기만 하면 되었다. 291m²(88평)는 전체를 10등분하여 나누는데 다만 너무 동선이 길어지기 때문에 현관을 가운데 두는 것만이 다를 뿐이다. 이런 식이라면 이보다 더 큰 크기의 아파트라 할지라도 같은 방식으로 설계를 진행할 수 있고, 결국 그 수법은 동일하다.

그런데 이런 수법은 처음 접하는 것이 아니었다. 우리는 흔히 전통 주거를 一자형의 초가삼간이라 알고 있으나, 이는 주로 중부와 남부에서 나타나는 유형이다. 오히려 고구려 계통의 집으로 알려진 강원도와 함경도의 전통 겹집들은 지금의 아파트와 평면 유형이 유사하다. 또한 1920~30년대 서울의 북촌 등지에서 발생하여 1950~60년대까지 빈번히 지어졌던 개량 한옥, 이른바 ㅁ자형 집과도 평면 유형이 일치함을 알 수 있다. 즉 우리가 현재 살고 있는 아파트는 20세기에 새로 나타난 주거 유형이 아니라 전통 주거인 겹집과 ㅁ자형 집을 일부 개량한 것이다.

앞뒤 방향으로 깊어지는 집

요즘은 집의 크기를 말할 때 '제곱미터(m²)'를 면적 단위로 사용하지만, 조선에서는 '칸'이라는 단위를 썼다. 그래서 초가삼간이나 99칸집이라고 했지, '열두 평 초가집'이나 '132제곱미터 기와집'이라고는 하지 않았다. 이때 '칸'은 전통 건축을 이루는 기본 유닛(unit)이자 모듈(module)에 해당하며, 방과 마루의 크기는 모두 칸의 크기에 따라 결정된다. 그렇다면 한 칸의 크기는 얼마만 했을까?

요즘은 볼 수 없는 풍경이 되었지만 1970년대 다방에는 밥 공기만 한 성냥갑이 테이블마다 놓여 있었다. 당시 여성들은 약속 시간보다 조금 늦게 도착하는 것이 관행이자 예절이어서 다방 안은 미리 나와 기다리는 남자들로 넘쳐났는데, 그때 남자들이 심심풀이로 자주했던 일이 성냥개비로 집을 짓는 것이었다. 네 개의 성냥개비를 사각형으로 늘어놓으면 방 한 칸이 만들어지고 그 옆에 다시 세 개의 성냥개비를 ㄷ자 모양으로 덧붙이면 방 두 칸이 만들어지며, 같은 방법으로 세 칸이나 네 칸도 만들 수 있다. 그런데 아무리 궁리를 해도 칸수만 늘어날 뿐 방의 크기가 언제나 똑같다는 것은 요령부득이었다. 방의 크기가 커지려면 성냥개비 자체의 길이가 길어져야 한다. 전통 건축도 마찬가지였다.

목조건축에서 방의 크기는 목재의 길이에 의해 결정된다. 그런데 가난한 집에서는 6자나 7자 길이의 목재를 사용했지만, 부잣집에서는 9자나 10자 목재를 사용하여 큰 방을 만드는 일이 많았다. 해서 똑같은 한 칸이라 해도 그 크기가 다른데, 6자(1.8m) 목재로 방을 만들 때 한 칸의 넓이는 3.25m²(약 1평)가 되지만, 9자(2.7m) 목재로 방을 만들면 7.29m²(약 2.2평)가 되어 목재 길이에 따라 한 칸의 크기는 두 배까지 차이가 난다. 이러한 폐단을 시정하고자 세종은 목재의 크기를 8자(2.4m)로 정했고, 이리하여 한 칸의 크기는 가로 세로가 각각 8자인 정사각형 곧 5.76m²(1.74평)가 원칙이었다. 그런데 조선 후기가 되면 정사각형이던 방이 점차 직사각형으로 변하기 시작해서, 방의 정면 폭은 6~7자로 좁아지지만 세로 깊이는 9자로 길어진다. 결과적으로 앞뒤로 길쭉한 형태의 방이 되는데, 그 이유는 저렴한 비용으로 집의 규모를 늘리기 위해서였다.

경제가 향상되어 생활에 여유가 생기면 집의 크기는 언제나 증가한다. 성냥개비의 예를 보아서도 알 수 있듯이, 집의 크기를 늘리는 간단한 방법은 한 칸에서 두 칸, 세 칸으로 칸 수를 늘리는 것이지만 이는 돈이 많이 들고 동선이 길어져 불편하기 때문에 주로 상류층에서 이용했다. 대신 민서들은 칸

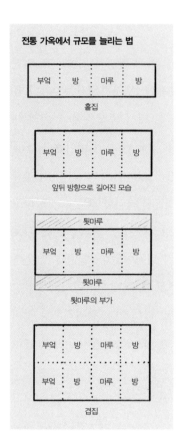

전통 가옥에서 규모를 늘리는 법

| 부엌 | 방 | 마루 | 방 |

홑집

| 부엌 | 방 | 마루 | 방 |

앞뒤 방향으로 길어진 모습

툇마루

| 부엌 | 방 | 마루 | 방 |

툇마루

툇마루의 부가

| 부엌 | 방 | 마루 | 방 |
| 부엌 | 방 | 마루 | 방 |

겹집

의 크기를 변형하는 방법을 취했다. 조선 후기가 되면 한 칸짜리 방을 쓰는 것보다 두 칸 정도를 터서 사용하는 경우가 많았다. 이때 정사각형 모듈이라면 가로세로의 비가 1:2가 되어 방 모양도 길쭉하고 동선이 길어지지만, 직사각형 모듈이라면 그 비가 1:1.5 정도가 되어 균형이 잡히는 것이다. 하나의 모듈이라 할 수 있는 한 칸이 정사각형에서 앞뒤 방향으로 길쭉한 직사각형으로 변화함에 따라 주택은 좀 더 합리적인 방향으로 그 규모를 늘릴 수 있게 된다.

또한 방의 앞과 뒤에 툇마루가 붙기 시작하는데, 대개 앞퇴의 너비가 4자, 뒷퇴의 너비가 3.5~4자 정도로 앞뒤 툇마루를 합치면 한 칸 정도의 공간이 더 붙게 되어 주택의 깊이가 깊어진다. 따라서 주택을 깊이 방향으로 절단해보면 방 한 칸에 앞퇴 반 칸, 뒷퇴 반 칸이 붙어 전체적으로 두 칸이 된다. 이렇게 집의 깊이가 깊어짐에 따라 지붕의 구조도 변했는데, 과거 삼량식(三樑式)의 지붕 형식은 오량식(五樑式) 내지는 칠량식(七樑式)으로 발전하게 된다. 이때 삼량식이란 '량(樑)'이 세 개인 지붕 형태이고, 오량식은 량이 다섯 개, 칠량식은 량이 일곱 개인 지붕 형식을 말한다. 그렇다면 량이란 무엇인가?

일반화된 오량식 집과 팔작지붕

지붕은 크게 박공과 처마로 나뉘는데, 삼각형의 뾰족한 면을 박공이라 하고 그 측면의 널찍한 면을 처마라 한다. 여기서 건물의 정면 출입구를 어디에 두는가 하는 문제가 생기는데, 유럽 중에서도 영국과 독일, 네덜란드, 스웨덴 등 북유럽의 게르만 문화권에서는 박공 면을 정면으로 한다. 특히 창을 크게 내고 창가에 화분을 두어 예쁘게 꾸미는 것으로 북유럽 특유의 외관을 연출하게 된다.

　　나사니엘 호손의 소설 중에 『일곱 박공이 있는 집(The House of the Seven Gables)』이 있는데, 이는 고딕 양식의 박공지붕이 일곱 개나 하늘을 향해 솟아 있어 기괴한 느낌마저 주는 퓐치온 가문의 집을 말한다. 우리에게 『빨강머리 앤』으로 알려진 이야기의 원제목도 실은 『푸른 박공집의 앤(Anne of Green Gables)』이다. 무엇보다 2006년 독일 월드컵 당시 3, 4층 높이의 집들이 거리를 향해 뾰족한 박공지붕을 하고 서 있던 모습도 매우 인상적이었다.

　반대로 한국과 일본, 중국 등 동아시아 문화권에서는 처마 쪽이 정면으로, 출입구도 이곳에 둔다. 박공 면이 정면이 되거나 이곳에 출구를 두는 일은 전혀 없으며, 작은 창호 하나 두지 않을 정도로 박공 면은 철저히 숨겨진 공간이다. 이러한 전통 주거의 지붕 뼈대를 살펴보면 마치 네발짐승의 갈빗대와도 같아서 등뼈 같은 가로 부재와 갈비뼈에 해당하는 세로 부재로 구성된다. 이때 등뼈에 해당하는 가로 부재를 도리[梁], 갈비뼈에 해당하는 세로 부재를 서까래[椽]라 하는데, 청동기시대의 집들은 도리 하나에 서까래로 이루어진 구조였다. 철기시대에 들어 수직의 벽체가 생기면서 도리는 아래쪽에 두 개가 더 필요하게 되었고, 이리하여 세 개의 도리로 이루어진 집 곧 삼량집이 등장했다. 삼량식은 가장 간단한 형태의 지붕이라 할 수 있는데, 이때 맨 위에 있는 도리를 마룻대 혹은 용마루라고 한다.

　삼량식에서 지붕의 규모가 커지면 서까래의 길이도 길어져야 하는데, 그 많은 수의 길고 굵은 서까래를 구하기란 쉬운 일이 아니었다. 해서 사이에

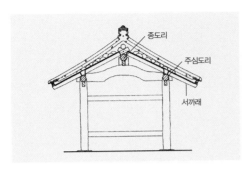
삼량집

삼량집과 오량집, 부연 | 삼량집은 앞뒤 기둥에 주심도리를 얹고 보를 건너지른 다음에 보 중앙에 대공을 세워 종도리를 올리고 양쪽으로 서까래를 얹은 집이다. 규모가 작은 건물이나 문간채, 광채 등에 주로 많이 이용되었다. 오량집은 일반 한옥에서 가장 많이 사용되는 형식으로 주심도리와 종도리 사이에 중도리가 하나 더 걸리는 구조이다. 이때 종도리에서 중도리까지 걸리는 짧은 서까래를 단연, 중도리에서 주심도리에 걸리는 서까래를 장연이라고 한다. 겹처마의 경우 서까래 끝에 짧은 서까래가 하나 더 올라가는데 이를 부연이라 한다.

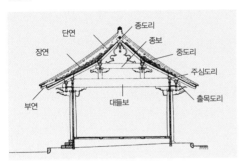
오량집

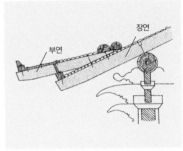
부연

도리를 하나씩 더 끼워 넣는 오량식 지붕이 고안되었고, 결과적으로 서까래는 짧고 가는 것을 사용할 수 있게 되었다. 이때 삼량식 지붕에서 사용되는, 마룻대에서 처마 끝까지 내려오는 긴 서까래를 장연(長椽), 오량식에서 사용되는 짧은 서까래를 단연(短椽)이라 한다. 경우에 따라서는 햇볕을 가리기 위해 처마 끝에 더 짧은 서까래를 덧대는 경우도 있는데 이를 부연(附椽)이라 한다. 우리가 흔히 '부연 설명을 한다'라고 할 때의 '부연'이 바로 이 부연이다. 장연이나 단연은 건물의 구조체여서 그것이 없으면 구조적으로 문제가 생기지만, 부연은 햇빛을 가리기 위해 덧댄 처마여서 없어도 구조적 결함은 생기지 않는다. 있어도 그만 없어도 그만이기에, 이미 설명을 다 한 후에 좀 더 쉬운 예를 들어 반복 설명을 하는 것을 부연 설명이라 한다.

단연에 부연까지 붙인 오량식 지붕을 선호하게 된 데는 집이 깊이 방향으로 깊어진 것 외에도 조선 후기 목재 수급 현상과도 관련이 있다. 조선 전기까지만 해도 집을 짓는 데 필요한 목재를 구하는 것이 어렵지 않았지만, 후기가 되면서 점차 어려워진다. 생활수준이 향상되어 집을 증축하거나 개축하는 일이 많아지면서 목재가 품귀 현상을 빚게 된 것으로, 이에 따라 긴 서까래가 필요한 삼량집보다는 짧은 서까래로 지을 수 있는 오량집을 선호하게 되었다.

현재 문화재로 지정된 대부분의 한옥은 18세기 이후에 지어진 것들로 대들보나 기둥, 서까래, 문지방 등에 굽은 나무를 사용한 예가 많다. 이를 두고 '자연을 닮은 집'이니 '꾸미지 않은 소박함'이니 하지만, 실은 조선 후기 목재 수급이 어려워져서 굽은 나무라도 사용해야 했기 때문에 빚어진 결과이다. 집을 지을 때 굽은 나무를 사용하는 것은 구조적으로 위험하기 때문에 금기 사항이었으며, 조선 후기 발간된 실학 계통의 책에서도 '집을 짓는 데 굽은 나무를 사용하지 마라'는 조항이 빠지지 않는다. 그래서 경복궁을 비롯하여 종묘, 향교, 서원 등 경제력의 제한을 받지 않은 고급 건축에서는 굽은 나무를 사용한 예를 찾아볼 수 없지만, 지방 종가나 부농 주거에서는 굽은 나무가 자주 사용되었다. 굽은 나무의 사용이 극에 달한 때는 모든 물자가 부족했던 일제시대로, 당시 일본은 민가 건축에서 곧은 나무의 사용을 금지하고 굽은 나무만을 사용하도록 했다. 따라서 굽은 나무가 사용된 전통 주거를 자연을 거스르지 않은 소박한 아름다움이라고 해석하기보다는 조선 후기 전반적인 생활수준 향상에 의한 가옥의 증개축, 그리고 그에 따른 목재 수급의 어려움으로 이해하는 것이 보다 정확하다.

아울러 지붕도 기존의 맞배지붕에서 팔작지붕으로 변화하게 된다. 한옥의 지붕은 크게 우진각지붕, 맞배지붕, 팔작지붕으로 나눌 수 있는데, 우진각지붕은 가장 시원적이고 기본적인 지붕 형태이다. 맞배지붕은 철기시대에 발생한 것으로 추정되는데, 고려시대에는 수덕사나 봉정사 같은 사찰 건축에, 조선시대에는 종묘, 사당 등과 같은 유교 건축에 주로 사용되었다. 삼국이나 고려, 조선 초기만 해도 주거 건축은 소규모 삼량집으로 지어졌기 때문

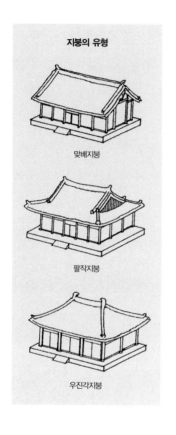

지붕의 유형

맞배지붕

팔작지붕

우진각지붕

에 우진각지붕이나 맞배지붕이 일반적이었다. 그러나 조선 후기 들어 집의 세로 폭이 깊어지고 지붕의 구조가 오량식이 되면서 팔작지붕이 점차 유행하게 되었다. 팔작지붕은 경복궁 근정전을 비롯하여 한옥마을과 민속촌의 사대부가에서 흔히 볼 수 있는 지붕 유형으로, 가장 화려하고 웅장한 지붕이라 할 수 있다.

맞배지붕은 사찰이나 종묘, 사당에 주로 이용되었다고 했는데, 이들은 모두 산 사람보다는 신과 혼령이 머무는 집이다. 또한 맞배지붕은 용마루에서 처마까지 하나의 서까래가 내려오기 때문에 간결한 아름다움이 있으며, 종묘와 같이 길고 거대한 집을 맞배지붕으로 덮었을 때의 장엄함에는 화려한 팔작지붕과는 또 다른 독특한 미학이 있다. 조선시대 일반 주거 건축과 관청 건축은 팔작지붕으로 하면서도 사당은 반드시 맞배지붕으로 했던 이유는

96

종교 건축이 갖는 보수성과 장엄한 아름다움의 추구 때문이다. 팔작지붕이 화려하고 아름다우며 또한 구조적으로도 가장 발달한 지붕이기는 하나 그것은 주로 궁궐, 관청, 사대부가같이 실용적이고 세속적인 건물에 사용되었고, 사당, 사찰과 같이 종교적인 건물에는 오히려 간단하고 고졸한 형태의 맞배지붕이 사용되었다.

지금 우리의 눈에는 팔작지붕과 맞배지붕 모두가 고아한 전통 형식으로 보이겠지만, 조선인의 눈에는 삼국시대부터 내려온 맞배지붕만이 전통적이고 우아하게 느껴질 뿐 조선 후기에 새롭게 선보인 팔작지붕은 세련되고 현대적이다 못해 이질적인 느낌까지 주었다는 것을 기억해야 한다. 지금도 신식 하이테크 건물은 대기업의 사옥이나 새로 짓는 시청이나 도청 건물에 주로 이용되고, 절이나 성당, 사당을 지을 때는 옛날 형식을 고집한다. 마찬가지로 우진각지붕, 맞배지붕 등 기본적이고 시원적인 형태의 지붕들이 오히려 권위 있고 중요한 건물에 사용되었다.

다시 말해 팔작지붕이 화려하고 세련된 신기술이라고 해서 모든 건물에 팔작지붕을 씌우는 것은 아니며, 오히려 사당이나 사찰같이 경건하고 보수적인 건물을 지을 때는 그에 걸맞게 옛날 양식을 고집함으로써 더욱 고졸하고 우아한 멋을 내야 했다. 그래서 왕실의 역대 신위를 모신 종묘는 열아홉 칸의 거대한 건물을 모두 맞배지붕으로 덮었고, 현재 우리나라에 지어진 가장 큰 기와집인 독립기념관의 '겨레의 집' 또한 맞배지붕으로 되어 있다.

대신 사대부가나 부농 주거 등 세속적인 건물에는 화려한 팔작지붕을 더 선호했는데, 이것이 유행하게 된 데에는 이른바 '궁궐 목수'에 의한 고급 건축 기술의 하향 전파도 한몫을 했다. 조선 전기 수공업자들은 관에 소속된 관장(官匠)이나 공장(工匠)이 대부분으로 이들은 궁궐이나 관청, 그리고 일부 상류계층의 주거 건축을 담당했다. 이와 달리 일반 가옥은 동네 목수가 맡았다.

그러나 조선 후기 각종 공장제(工匠制)가 폐지되면서 민영화되기 시작하는 것과 함께 건축 공장제도 폐지되면서 공장들은 '궁궐 목수'라 불리는 자유노동자가 되어 노임을 받고 민간 건축에 참여하게 된다. 해서 과거 궁궐과 관청에서 사용되던 고급 건축 기술이 민간에 전파되면서 오량집과 팔작지붕 등도 민간에 건축된 것이다. 아울러 이즈음이 되면 본디 35종에 불과하던 연장의 종류가 100여 종으로 증가하고 특히 대패가 세분화되는 경향을 보이는데, 이는 건축 기술이 더욱 정교해지고 장식성이 증가했기 때문이다. 한편 주택의 규모가 더욱 커지면서 기존의 홑집은 점차 겹집화되기 시작한다.

홑집에서 겹집으로 변화하는 집

홑집이 깊이 방향이 한 칸으로 이루어진 외줄배기 집이라면, 겹집은 두 칸으로 이루어진 두줄배기 집이다. 겹집은 대개 田자 모양으로 이루어져 있으며 함경도나 강원도 등 겨울이 길고 척박한 기후대에서 많이 지어졌고, 구들과 부엌이 발달한 점으로 미루어 고구려 계통의 집으로 추정된다. 이와 달리 홑집은 경상, 전라, 충청 등 중남부 지방을 비롯해 서울과 경기 지방에서도 널리 채용되었던 유형으로, 민속촌에 가보면 9할 이상이 이러한 홑집이다. 이 홑집들이 조선 후기 점차 칸의 모양이 앞뒤로 세장(細長)해지고 또한 반 칸씩의 퇴가 부가되어 전체적으로 2칸이 됨은 앞서 밝힌 바 있다. 그 다음에는 방 자체가 앞뒤 두 칸씩으로 이루어지거나 혹은 방 앞에 마루가 붙어 겹집이 된다. 요약하자면 방의 모양이 앞뒤로 길쭉해지고 이후 앞과 뒤에 툇간이 부가되어 점차 세장화되었다가 결국 겹집이 되었다고 볼 수 있다.

현재 유구로 남아 있는 조선 후기 상류 주거는 방과 마루가 앞뒤로 두 칸씩 이루어진 겹집이 대부분이지만, 민서의 집은 홑집이 일반적이다. 이는 겹집이 상류 주거이고 홑집이 하류 주거여서가 아니라, 홑집이 점차 겹집화되어가는 과정의 한 단면이라 볼 수 있다. 주거 건축에서 새롭게 변화된 요소는 항상 상류 주거에서 먼저 시작되어 점차 중류, 하류로 내려오는 경향이 있다. 예컨대 1970년대에 평범한 남녀가 다방에서 만나 성냥개비로 집을 짓고 기껏 영화 구경이나 할 때 상류층의 자제는 승용차를 타고 강원도 스키장으로 놀러갔다. 하지만 1990년대가 되면 승용차와 스키는 중산층에게까지 보급된다. 다시 말해 상류층의 겹집과 민서의 홑집이 공존하는 현상은 조선 후기가 홑집에서 겹집으로 빠르게 전환되는 시기였다는 방증이다.

홑집에서 겹집으로 바뀌게 된 이유는 손쉽게 집의 규모를 확장할 수 있는 이점과 집안 내 노비들이 감소하면서 동선을 단축할 필요가 절실해졌기 때문이다. 대개 노비가 많은 집에서는 홑집을 여러 채 짓는 것이 편하고 노비가 없는 집에서는 겹집을 한 채 짓는 것이 편리하다. 특히 대가족이 한 집에서 거주할 때는 여러 채의 건물이 필요한데, 남성은 사랑채에 여성과 아이들은 안채에 거주했던 것을 비롯하여 아들 세대에게 실권을 넘겨준 노부모가 거주하는 안사랑채, '글방 도령' 이나 '별당 아씨' 처럼 혼기에 찬 미혼 자녀가 거주하는 별채도 있었다.

한옥은 얇은 창호지문으로 방을 나누기 때문에 어린아이나 노약자처럼 항상 주위의 손길을 필요로 하는 사람이 아닌 이상 약간 떨어진 별도의 영역에서 거주하는 것이 편리하며, 대가족제도에서는 더욱 그러했다. 가족이 이렇게 별도의 독립된 채에서 살아가려면 수발을 들어줄 몸종이 하나씩 딸려 있어서 서로 간의 연락과 잔심부름을 도맡아야 하는데, 이를 담당했던 가내사환노비들은 조선 후기 점차 감소하기 시작한다.

조선의 사노비는 가내사환노비, 솔거노비, 외거노비 등으로 분류할 수 있다. 가내사환노비란 부엌일과 각종 집안일을 담당하는 여종, 머슴, 몸종 등으로 주인집에 마련된 행랑채에서 살았다. 솔거노비는 주인집에서 조금 떨어진 별도의 집에 따로 살면서 농사일을 주로 했는데, 방 한 칸에 부엌 한 칸으로 이루어진 간단한 집에 살았다. 이런 집들을 경상도에서는 '가랍집', 전라도에서는 '호지집'이라 불렀고, 특히 마루의 설치가 금지되었다. 우리가 더러 '오막살이'라는 말을 하는데, 여기서 '오'는 작다는 뜻으로 붙이는 접두어이고 '막'은 움막이나 막집을 뜻한다. 따라서 오막살이란 집의 형상을 제대로 갖추지 못한 움막집, 곧 가랍집이나 호지집에 사는 것을 일컫는다. 한편 외거노비란 주인과 멀리 떨어진 지방에 거주하면서 1년에 면포 2필의 신공(身貢)만을 바치면 되는 노비였다.

노비의 입장에서 보자면 가내사환노비의 예속 정도가 가장 크고 외거노비가 가장 작으므로, 외거노비로 사는 것이 편했을 것이다. 또 주인의 입장에서도 가내사환노비가 집안 내의 잔심부름을 하는 소모적 노비라면 농사를 짓는 솔거노비와 신공을 납부하는 외거노비는 생산적인 노비라 할 수 있다. 이렇듯 노비와 주인 모두의 이해관계가 맞아떨어져 조선 후기가 되면 가내사환노비는 줄고 솔거노비와 외거노비가 증가한다. 주택 내 사환노비의 수가 감소하자 안주인이 직접 가사에 참여하는 빈도가 늘었으며, 이에 동선을 줄이기 위해 겹집화가 진행된 것이다.

이미 한양에는 사환노비의 수가 줄어도 불편하지 않을 정도로 상업적 서비스가 확대되어 있었고, 이 서비스를 구매하기 위해서라도 경제력은 더욱 절실해졌다. 과거에는 산에 가서 나무를 하는 마당쇠와 물을 길어오고 빨래를 하는 여종 삼월이가 있어야 했지만, 시장에서 나무를 살 수 있고 물장사가 물을 길어다주며 이웃에 삯빨래를 해주는 아낙이 있다면 노비는 더 이상 필요가 없어진다. 차라리 마당쇠와 삼월이를 혼인시켜 내보낸 다음, 매년 신공을 받아 그 돈으로 나무를 사고 삯빨래를 맡기는 것이 더 편할 것이다. 그러니 집도 더 이상 넓을 필요가 없어졌으며, 그보다는 동선이 짧고 편리한 겹집을 선호하게 되었다.

조선의 노비 수는 전체 인구의 3~4할 정도였는데, 이 가운데 외거노비가 상당수를 차지했고 사환노비의 수는 그리 많지 않았다. 특히 초기에는 사환노비가 많았지만 후기로 갈수록 외거노비가 많아지는 현상을 보인다. 노비의 몸값은 대개 말(馬)과 비슷해서 『경국대전(經國大典)』에 명시된 16~50세의 남자 노비 한 명의 값은 쌀 400말, 상등마 한 필을 살 수 있는 가격이었다. 따라서 외거노비 한 명을 사서 1결의 땅을 주고 수확량의 반을 지대(地代)로 받을 경우 3년이 지나면 노비값을 상쇄할 수 있었고 그 후로도 꾸준히 수익 창출이 가능했기 때문에 주인들은 계속 외거노비를 늘려나갔다.

노비의 입장에서도 지대와 신공 납부라는 경제적 예속만이 있는 외거노비가 편했는데, 이들은 이후 도망 노비가 되었다. 이는 돈을 모은 외거노비가 농지를 버리고 제3의 장소로 도망가 양인 행세를 하는 것으로, 18~19세기 피할 수 없는 대세가 되었다. 이들은 한양과 같이 익명성이 보장되는 도심지로 들어가 짐꾼, 막일꾼, 물장수 등으로 일했고 여성은 삯빨래와 삯바느질을 했다.

말하자면 조선 초기의 사환노비들이 외거노비로 전환되었고 이후에는 도망 노비가 되어 도심 서비스업 종사자가 된 것이다. 따라서 사환노비의 수가 줄어도 돈으로 그 용역을 살 수 있었기 때문에 생활은 크게 불편하지 않았고, 그 결과 여러 채의 집을 마당 안에 벌려놓고 살던 홑집보다 동선이 짧은 겹집을 선호하게 된 것이다. 그리고 동선을 절약하기 위해 집은 더욱 내향화되기 시작했다.

튼ㅁ자집이 나타나다

동선을 줄이는 방법은 크게 두 가지로, 건물과 건물 사이의 동선을 줄이는 방법과 건물 안의 동선을 줄이는 방법이 있다. 홑집을 겹집으로 만드는 것이 단일 건물 안에서 동선을 줄이는 방법이라면, 안채와 사랑채의 사이 간격을 줄이는 것은 건물과 건물 사이의 동선을 줄이는 방법이다. 해서 조선 후기가 되면 별도의 건물로 지었던 안채와 사랑채의 간격이 줄어들거나 혹은 사랑채에 문간채가 붙고, 안채에 행랑채가 붙는 등 공간의 근접화와 접속화가 진행된다. 아울러 기존의 一자형 안채는 ㄱ자형 혹은 ㄷ자형으로 변하고 여기에 一자형 사랑채가 가까이 붙어 점차 튼ㅁ자형의 주택으로 발전하게 된다. 본디 一자형이던 전통 주거가 택지 부족과 동선 절약을 위해 꺾은 형태로 변화하는 것인데, 이에 대해 서유구는 『임원경제지』에서 다음과 같이 논하고 있다.

> 중국의 가옥제도는 모두 각각 일자형을 이루어 서로 연결되지 않는다. 반면에 조선은 그렇지 않아 방(房)·마루·상(廂, 행랑채)·무(廡, 거느림채)를 서로 연결시키고, 용마루·처마·보·서까래는 구부려서 잇달아 연결시킨다. 그러므로 그 형태가 어떤 집은 ㅁ자와 같고, 어떤 집은 日자와 같으며, 어떤 집은 ㄷ와 ㄱ이 서로 마주보고 있는 형태이

다. 나는 이러한 가옥제도에 여섯 가지 결점이 있다고 본다.

— 서유구, 『임원경제지』, 안대회 엮어옮김, 『산수간에 집을 짓고』 중에서

전통적인 一자형 집이 ㄱ자형이나 ㅁ자형으로 지어지면서 생기기 시작한 폐단을 지적하고 있으니, ① 지붕을 만들 때 구조적 결함이 생기기 쉽고 지붕이 꺾인 부분에 기왓골이 생겨 배수가 어려운 점, ② 안마당이 비좁고 그늘이 생기는 점, ③ 비가 오면 낙숫물이 안마당으로 떨어져 물이 넘치는 점, ④ 안마당의 통풍이 어려운 점, ⑤ 화재시 불이 옮겨 붙기 쉬운 점, ⑥ 집안 내 남녀의 내외 구별이 모호한 점 등이다. 장점보다는 폐단을 주로 열거하고 있는데, 일반적으로 문헌에서 어떤 주거 유형이 부정적으로 묘사되기 시작한다면 이 주거 유형이 실제로 나빴다기보다는 당시

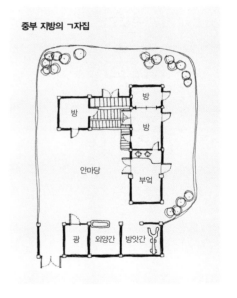

중부 지방의 ㄱ자집

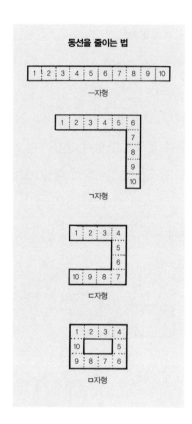

동선을 줄이는 법

一자형
| 1 | 2 | 3 | 4 | 5 | 6 | 7 | 8 | 9 | 10 |

ㄱ자형

ㄷ자형

ㅁ자형

이 주거 유형이 급속히 대중화되었다고 보는 것이 정확한 해석이다. 일례로 우리나라에 아파트가 처음 도입된 때는 1950~60년대로, 당시 신문에서는 아파트가 한 채 지어질 때마다 그것이 얼마나 문화적이고 선진적인 주거 형태인가를 구구이 설명했다. 그러나 1980년대부터는 조금씩 아파트의 문제점과 비판적 견해들이 드러나는데, 이는 그때 아파트가 점차 대중화되기 시작했다는 반증이다. 마찬가지로 ㅁ자집의 폐단을 지적한 19세기의 문헌은 당시 ㅁ자집이 널리 확산되기 시작했음을 보여준다. 특히 지적된 여섯 가지 폐단 중 세 가지가 안마당에 관한 것인데, 이는 ㅁ자집에서 안마당의 성격이 과거와 매우 달라졌음을 나타낸다.

전통 주거의 마당은 사랑마당, 안마당, 뒤안마당(혹은 뒤란, 뒤꼍)으로 나뉘는데, 사랑채 앞에 붙은 사랑마당은 주로 조망과 휴식용으로, 안마당은 농작물의 타작과 수장, 기타 가사노동이 행해지는 작업 공간으로 사용되었다. 그리고 뒤안마당은 부엌에 딸린 외부 공간으로 요즘의 아파트 주방에 붙은 다용도실과 그 기능이 흡사하다. 즉 공들여 조경을 한 사랑마당이 정원(garden)이라면, 작업 공간으로 사용된 안마당은 말 그대로 마당(court)이라 할 수 있다.

그런데 조선 후기 이러한 사랑마당과 안마당의 성격이 변화하기 시작한다. 주택지가 협소해지면서 대문간과 사랑채가 결합되어 사랑마당이 작아지거나 없어지고, 또한 안마당에서 주로 하던 농작업 기능도 축소된다. 이는 집 근처에 솔거노비를 두고 농장을 직접 경영하던 과거와 달리 외거노비에 의한 지대 납부로 전환되면서 타작 등의 농작업이 축소되었기 때문이며, 아울러 사환노비의 감소 및 그에 따른 사회 서비스의 증가로 가사노동도 줄어들었기 때문이다.

과거 확대된 작업 공간이었던 안마당은 ㅁ자집으로 변화함에 따라 그 면적이 줄어들고 폐쇄적이 되었으며 작업 기능도 축소되었다. 이제 안마당은 간단한 가사 작업을 비롯하여 과거 사랑마당이 가지던 조망, 휴식 기능까지 함께 담당하게 되면서, 마당(court)과 정원(garden)이 합쳐진 공간이 되었다.

ㄷ자 모양의 안채에 ―자로 붙은 사랑채, 전반적으로 ㅁ자 형태가 된 집, 사랑마당이 없어지면서 대문을 열면 바로 안마당이 보이는 집, 한층 작아지고 좁아진 안마당, 이것이 바로 조선 후기 한양에 들어서기 시작한 도시 주택이자 후일 가회동과 보문동 일대에 즐비하게 될 개량 한옥의 전신이다.

첫 상품 주택, 1930년대의 개량 한옥

지금도 더러 남아 있는 가회동과 보문동 일대의 한옥은 유감스럽게도 일제 시대인 1930~40년대에 지어진 것들이다. 당시 서울은 과도기에 있었다. 1937년 만주사변을 계기로 식민 수탈이 더욱 심해지자 농촌은 사실상 와해되었고, 이농 인구가 도심으로 유입되면서 서울은 급격한 양적 팽창을 하게 된다. 인구가 많아지면서 주택난이 심화되자 가회동, 누상동, 봉익동 등 명문 사대부가들이 살았던 북촌 마을의 원 거주민들은 좀 더 주거환경이 나은 곳을 찾아 떠나고 이에 '집장사'라 불리는 주택 개발업자들이 기존의 대형 필지를 소형으로 분할해 도시형 한옥을 지어 팔기 시작하면서 형성된 것이 요즘 말하는 '가회동 한옥' 혹은 '개량 한옥'이다. 대개 132~165m²(40~50평)

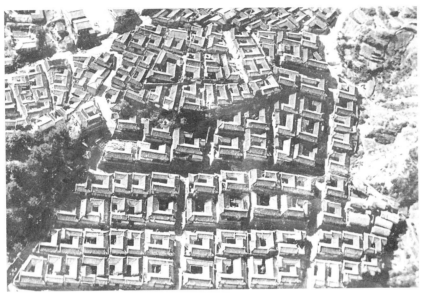

하늘에서 내려다본 가회동의 한옥마을 | 대개 132~165m² 안팎의 조그마한 땅에 촘촘히 배치되어 있는 가회동 한옥은 본디 ―자형이었던 전통 주거가 ㄱ자나 ㄷ자로 변하고, 또 ―자형의 소규모 사랑채가 덧붙여져 튼ㅁ자집이 형성되는 과정을 거쳤다. 사진은 1950년대의 모습이다.

안팎의 소형 필지에 ㄷ자 형태의 집이 서로 벽을 공유하면서 촘촘히 지어진 모습을 하고 있다.

본디 ―자형이던 전통 주거가 주택지가 좁아지면서 ㄱ자나 ㄷ자 형태로 변하고 여기에 ―자형의 소규모 사랑채가 덧붙어 튼ㅁ자집이 형성되었는데, 이러한 진행 과정이 1930년대에 이르러 더욱 촘촘하고 내향화되어 ㅁ자 형태의 집으로 나타났다고 볼 수 있다. 또한 필지의 규모가 매우 협소했기 때문에 기존의 전통 주거와는 다른 새로운 형식이 나타나기도 했다. 사랑채와 문간채가 없어지고, 대신 대청에 유리 분합문을 달아 사랑방 겸 응접실로 사용하고 대문간 바로 옆에 문간방을 설치한 형태이다. 사랑채가 응접실로 변해 안채의 대청마루에 자리 잡은 셈인데, 이것으로 조선 중기 이후 독립된 영역으로 존재했던 사랑채는 사실상 소멸되었다. 이는 개량 한옥에서 살았던 이들이 주로 봉급생활자들이어서 별도의 사랑채가 필요하지 않았던 점, 그리고 도심에는 이미 다방과 술집, 요릿집과 같은 서비스 업체들이 있어 사랑채의 접대 기능을 일부 수용할 수 있었던 점 등이 그 이유로 꼽힌다.

한편 문간채(혹은 행랑채)가 없어지면서 주택은 외부를 향해 각질화되는 경향을 보인다. 대문 옆의 외부 벽면은 타일과 벽돌이라는 이질적이고 딱딱한 재료로 마감되었으며, 문간방이 있던 그곳은 아주 작은 형태의 창이 눈높이보다 높게 설치되었고 방범용 창살이 덧붙여졌다. 대문은 돌쩌귀와 경첩, 문고리 부분에 금속 제품을 과다 사용하는 것으로 강한 폐쇄성을 보였다. 한편 안마당에 들어서면 꽃밭이 꾸며져 있고 처마 끝에는 함석을 오려 만든 봉황새 모양의 물받이가 있는 등 한층 강화된 내향성을 보인다. 특히 우물 안처럼 좁은 안마당을 중심으로 각각의 방이 촘촘히 마주보고 있기 때문에, 학자에 따라서는 이를 우리의 전통 주거와는 다소 거리가 먼, 일제시대에 생겨난 기형적 주거 유형으로 보고 있는 것도 사실이다. 그러나 가회동 개량 한옥들은 세 가지 면에서 중요한 의의를 갖는다.

첫째, 그것은 우리 역사상 첫 기성 주택이자 '상품 주택'이다. 옷에도 기성복과 맞춤옷이 있듯 주택에도 이미 지어진 것을 구입하는 기성 주택과 손수 짓는 맞춤 주택이 있는데, 현재 우리나라 주택의 9할 이상이 기성 주택이고 나머지가 맞춤 주택이다. 그리고 이 가운데서도 극히 일부가 유명 디자이너가 설계한 이른바 '작가 주택' 혹은 '작품 주택'이라 하여 책과 잡지에 소개된다. 요즘은 아파트나 빌라, 연립주택 같은 공동주택은 물론 단독주택도 미리 지어진 것을 보고 구입하는 방식이지, 자신이 직접 주택을 설계하여 짓는 맞춤 주택은 매우 드물다. 그러나 조선시대는 그 반대여서 대부분은 자신이 살 집을 직접 구상하여 목수를 불러다가 지었다. 그 후 근대사회가 되면서 주택시장은 불특정 다수를 대상으로 미리 설계와 시공을 해놓은 상품 주택으로 변환되는데, 그 시작이 가회동 개량 한옥이었다.

무릇 전문 설계디자이너에게 의뢰하여 짓는 작가 주택을 고급 주택으로, 아파트나 빌라같이 대중의 요구에 부합하는 상품 주택을 저급 주택으로 생각하는 경향이 있다. 하지만 건축주와 그 가족의 요구 조건만 맞추면 되는 맞춤 주택보다는 일반 대중의 기호와 취향을 모두 만족시켜야 하는 상품 주택에 훨씬 더 고급 설계기법이 적용된다. 그뿐 아니라 시장 동향 분석과 수요 예측 및 마케팅 전략까지 생각해야 한다. 가회동 개량 한옥은 불완전한 형태이기는 하나 시장 분석과 수요 예측 작업이 선행되었다는 점에서 근대 건축에 한 걸음 가까이 다가갔다고 볼 수 있다.

둘째, '개량 한옥'으로서의 의미다. '개량(改良)'이란 전통을 고수하되 현실에 맞도록 개선하여 사용하는 것을 말한다. 유리, 함석, 타일 등 이질 재료의 사용과 그에 따른 외피의 각질화, 기존의 튼ㅁ자형에서 더욱 내향적으로 응축된 집, 아랍 지방의 중정 주거를 연상시키는 좁은 안마당 등은 분명 전통 한옥과는 거리가 있다. 하지만 급격히 변화하는 사회에서 그 개선의 방향을 모색했다는 점에서 큰 의의가 있다.

시대가 변하고 상황이 변하면 함께 변할 수밖에 없는 것이 주택이다. 당시는 일제강점기였기 때문에 주거 건축 또한 일본의 영향을 강하게 받을 수밖에 없었다. 사실 일제는 조선주택영단(朝鮮住宅營團, 지금의 대한주택공사에 해당함)이라는 공사를 설립하여 '영단주택(營團住宅)'을 지었다. 이는 지금의 주공 아파트와 비슷하다고 보면 되는데, 일본은 이 주택을 상도동과 흑석동 등지의 신 주거단지에 집중적으로 건설했다. 여기에는 조선 민중에게 일식 주택을 제공하여 일식 생활을 전파하고, 나아가 내선일체를 꾀하려는 의도가 숨어 있었다. 또한 군사기지가 있었던 용산을 중심으로 원효로, 청파동, 후암동 등지에는 일본인이 살기 위한 일본 주택들이 건설되고 있었다. 하지만 가회동 한옥은 일제가 지은 것이 아닌 조선의 건축업자들이 지은 자생 주거라는 점에서, 다시 말해 변형의 과정을 거쳤을망정 우리 주거의 정체성을 꾸준히 유지했다는 점에서 큰 의의가 있다.

끝으로 '도시형 한옥'의 가능성이다. 전통적으로 한옥은 농촌 주거에 익숙한 유형으로 인식되어왔다. 안채, 사랑채, 곳간채 등 서로 다른 용도의 건물을 별도로 한 채씩 떨어뜨려 짓는 것은 농촌처럼 대지의 제약을 받지 않는 곳에서만 가능할 뿐, 주거지가 협소한 도심에서는 적당치 않은 유형으로 생각되어왔다. 또한 이전까지 한양에 지어진 집들은 주로 명문 사대부가의 주택이어서 넓은 대지에 지어졌다. 그러나 가회동 한옥은 협소한 필지에 부엌과 대청 및 3~4개의 침실을 갖는 도시 중산층의 주거 유형을 창출했다. 가회동 한옥의 원형은 서울, 경기 지방에 널리 분포했던 ㄱ자집으로, 토착민가의 주거 유형을 도시적 입지 환경에 맞도록 재조정하여, 결과적으로 한옥도 얼마든지 도시 주거가 가능하다는 것을 보여주었다.

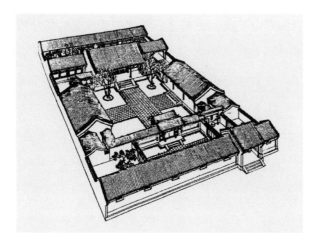

　　일반적으로 네모난 안마당인 중정을 중심으로 각각의 방이 둘러서 있는 중정 주택은 동양의 모든 도시 주거에서 공통적으로 나타나는 유형이라 할 수 있다. 여기서 말하는 동양이란 서남아시아(이란, 아랍 등), 서아시아(터키, 파키스탄 등)에서 한국과 일본에 이르는 동아시아까지를 두루 포함하는 말이다. 이집트의 도시 주거, 인더스의 도시 유적 및 중국 북경의 사합원(四合院) 등 일반적인 도시 주거는 가운데 안마당을 두고 방들이 이를 둘러싼 형태가 된다.

　　가회동 개량 한옥은 공교롭게도 일제시대에 발달했기 때문에 '일제의 영향을 받은 기형적 주거'라는 오명을 쓰고 있으나, 일제의 침략을 받지 않았더라도 근대화와 도시화에 따른 주거 유형의 발전 단계에서 분명 나타났을 주거 형식이다. 그리고 이러한 자생적 주거 유형은 이후 1970년대의 아파트로 이어져 현재에까지 이르고 있다.

거실을 중심으로 한 해바라기 아파트

우리나라에 처음 아파트가 도입된 것은 1950~60년대로, 당시의 아파트는 유럽에서 직수입된 설계 수법을 채용했기 때문에 내부 형태가 지금의 모습과는 사뭇 달랐다. 유럽의 아파트는 실내를 '공동 공간/개인 공간' 또는 '주간 사용/야간 사용'으로 엄격히 양분하는 경향이 있다. 즉 낮에 공동으로 사용하는 거실과 주방, 식당을 하나의 구역으로, 밤에 개인이 혼자 사용하는 침실을 하나의 구역으로 나눈다. 해서 현관문을 열면 홀이 있고, 여기서 거실과 식당이 있는 쪽으로 갈 것인지 아니면 침실이 서로 몰려 있는 쪽으로 갈 것인지를 결정한다.

하지만 1970년대에 이르러 아파트가 일반화되면서 설계 수법도 바뀌기 시작한다. 공동 공간(거실, 식당) 개인 공간(침실)으로 양분된 유럽식 아파트를 제치고, 현관문을 열면 바로 거실로 연결되고 거실에서 침실, 주방, 화장실로 가는 한국식 아파트가 등장한 것이다. 이는 대문을 열면 문간을 거쳐 바로 안마당으로 연결되고 마당에서 안방, 대청, 건넌방, 부엌, 문간방 등으로 갈 수 있는 가회동 개량 한옥의 동선 형식이 아파트에서도 재현되었다고 볼 수 있다. '대문=현관문', '대문간=현관 앞에서 신 벗는 곳', '안마당=거실'이라는 등식을 성립시켜 아파트에 살고 있지만 동선 연결 형식은 전통 주거의 정체성을 유지하는 것이다.

안마당은 작업 공간뿐 아니라 각 방을 연결하는 주요 동선이었음을 앞서 밝힌 바 있다. 전통 주거는 안마당을 중심으로 여러 방이 해바라기처럼 몰려 있는데, 아파트의 거실이 바로 그 안마당 역할을 한다. 현재 우리의 거실은 과거 사랑방과 안방의 역할을 수행하면서 또한 중요한 통과 동선이 되고 있다. 침실과 화장실, 주방은 항상 거실을 향해 문이 열리는데, 이처럼 거실이 센터 역할을 하는 경우는 한국의 아파트가 유일하다.

우리는 아파트에 살면서 이것이 전통 주거와는 단절된 현대의 주거 유형이라 생각하지만, 사실 조선 후기부터 시작된 겹집화, 내향화의 결과인 것이다. 요약하자면 홑집이 겹집이 되고 이후 ㄱ자집이나 ㄷ자집으로 변형되었다가 1930년대 가회동 한옥으로 대표되는 ㅁ자집으로 변한 뒤, 현재의 아파

아파트의 동선 비교 | 1960년대 유럽식 아파트와 달리 1970년대 이후 지어진 아파트는 1930년대 가회동 개량 한옥의 동선과 비슷하게 거실이 안마당 역할을 하고 있다. 침실과 화장실, 주방이 모두 거실을 향해 문이 열리는 이러한 구조는 한국의 아파트가 유일하다.

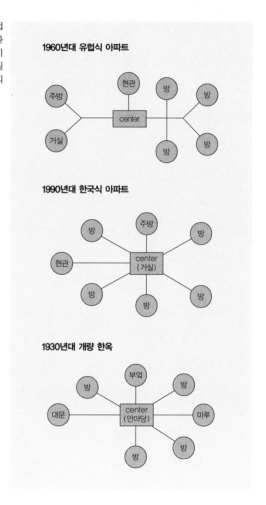

1960년대 유럽식 아파트

1990년대 한국식 아파트

1930년대 개량 한옥

트에까지 그 유형이 지속된 것이다. 가회동 한옥은 우리의 전통 주거 형식이 아파트에 뿌리내리는 데 중요한 연결고리 역할을 했다.

현재 도심에서 가장 흔히 볼 수 있는 풍경이 아파트 단지이며, 골목길에서 구멍가게 다음으로 흔히 마주치는 것이 부동산 중개업소이다. 이곳에 들어가면 근방 모든 아파트의 평면도, 특히 79m²(24평)형, 109m²(33평)형, 145m²(44평)형의 평면도가 벽면 가득 걸려 있다. 좀 더 자세히 살펴보면 79m²는 2×2, 109m²는 (2×1)+(3×1), 145m²는 3×2의 평면 형식을 가지고 있어서 흔히 2bay니 3bay니 하는 말을 한다. 그런데 이러한 주거 형식은 강원도와 함경도에서 예전부터 있어온 주거 유형이자 조선 후기에 증가하기 시작한 겹집과 그대로 닮아 있다. 2bay는 두 칸 겹집이며 3bay는 세 칸 겹집과 흡사하다. 218m²(66평), 291m²(88평)의 대형 크기라 하더라도 우리의 전통 주거인 네 칸 겹집, 다섯 칸 겹집의 현대적 재해석일 뿐이다. 전통 주거는 박제가 되어 민속촌과 한옥마을에만 존재하는 것이 아니라 더욱 개량된 모습으로 지금 우리의 삶 속에 그대로 살아 있는 것이다.

한양은 지는 해요, 화성은 뜨는 해라

출처에도 임자가 있다

피지 못한 꽃, 지어지지 못한 집

04

가가 허느쇼오, 가가 도로 지이쇼오

가가 허느쇼오,
가가 도로 지이쇼오

상것들과는 함부로 어울릴 수 없으니

육중한 대문 안에 아자살 용자살 창호를 달아

아파트 사람들, '성안'으로 돌아오다

어느 날 허생의 아내가 너무 배가 고파 울음 섞인 목소리로 말했다.

"당신은 평생 과거도 보지 않으면서 책은 읽어 무엇에 쓰시려오?"

"나의 독서는 아직 미숙하오."

"그렇다면 공장(工匠) 노릇도 못한단 말입니까?"

"공장 일은 배우지 않았는데 어찌 할 수 있겠소."

"그럼 장사도 할 수 없단 말입니까?"

"밑천이 없으니 장사를 어찌 할 수 있겠소."

"밤낮으로 글을 읽더니 배운 것이라곤 '어찌 할 수 있겠소' 하는 소리뿐이구려. 그럼 도둑질은 할 수 있소?"

마침내 허생이 책을 덮고 일어섰다.

"애석하구나, 내 본디 십 년 동안만 책을 읽으려 했거늘 이제 겨우 칠 년에 이르렀을 뿐인데."

하고는 거리로 나섰으나 아는 사람이 없었다. 그는 곧장 운종가로 가서 길 가는 사람들을 잡고 물었다.

"한양에서 제일가는 부자가 누구요?" (증략)

허생은 집으로 돌아가다 말고 혼자 생각했다.

'안성은 경기도와 충청도가 갈라지는 곳이요, 충청도와 전라도와 경상도를 통괄하는 입구렸다.'

그는 곧장 안성에 가서 거처를 마련했다. 그리고 대추, 밤, 배, 석류, 귤, 유자 등의 과일을 시세의 두 배를 주고 몽땅 사들였다. 허생이 과일을 독점해버리니 나라 백성들이 잔치나 제사를 치를 수 없게 되었다. 그렇게 되자 얼마 후 허생은 저장했던 과일을 내다 풀었다. 허생에게 두 배의 값으로 과일을 팔았던 상인들은 이번에는 거꾸로 열 배를 주고 살 도리밖에는 없었다.

— 박지원, 『옥갑야화』, 「허생전」 중에서

연암 박지원의 소설 「허생전」은 남산골에서 책만 읽던 선비 허생이 아내의 등쌀에 책을 덮고 집을 나선 뒤 한양의 제일가는 부자 변 씨에게 돈 1만 냥을 빌리는 것으로 시작된다. 이름 없는 서생이 장안의 갑부를 찾아가 아무런 담보 없이 돈을 빌리는 것이나 조선 팔도의 과일을 개인이 모두 사들이는 것은 고대 소설답게 과장된 이야기이기는 하나, '매점매석'이 이전까지는 없었던 기발한 방법이어서 악덕인지 아닌지조차도 모호한 경계에 있었다는 것만은 사실이다. 팔도의 물건을 사들이자면 화폐 특히 고액권이 있어야 하고 그 물건을 쌓아둘 만한 창고도 있어야 한다. 그러나 무엇보다 전국에서 산발적으로 생산된 물건이 일시적으로 한군데에 모일 수 있는 거대한 시장 곧 전국적 유통망이 미리 갖추어져 있어야 한다. 허생전을 통해 읽어낼 수 있는 것은 매점매석의 실제 가능 여부라기보다 매점매석이 가능하게 된 사회 환경, 다시 말해 조선 후기 고액권의 출현과 전국적인 물류 유통망의 완비이다.

퇴짜를 맞은 공납

조선은 약 500년의 세월을 지속했던 국가로, 중국 왕조나 일본 막부의 지속 기간이 200~300여 년 내외였던 것을 생각해볼 때 두 배에 해당하는 오랜 시간 존속했다. 그러나 좀 더 그 내면을 들여다보면 중간에 한 번 커다란 사회 변동을 겪었고, 이에 조선 전기와 조선 후기는 '조선'이라는 이름 아래 하나로 묶어두기 어려울 정도로 성격이 매우 달랐다. 조선 전기가 부역노동에 의지한 중세적 국가라 한다면 조선 후기는 임금노동이라는 새로운 노동 형태가 등장하는 근세적 국가였다. 임금노동의 특징은 노동이 시간으로 계산되어 매매된다는 데 있다. 임금제 노동사회에서 하루의 시간은 노동 시간과 노동 외 시간으로 나뉘는데, 이러한 노동 외 시간이 곧 사생활이며 사생활을 가지는 인간이 근대적 의미의 '개인'이다.

일례로 우리의 하루는 노동 시간과 비노동 시간으로 철저히 나뉘어 있다. 하루 여덟 시간을 근무하는 직장 여성의 경우 아침에 출근하여 회사 유니폼으로 갈아입고 나면 그녀는 ○○부서의 미스 김이 된다. 그러나 퇴근 시간이 되어 유니폼을 벗고 회사 문을 나서는 순간 그녀는 철저하게 '개인'이 된다. 저녁 7시에 비즈니스클럽으로 다시 출근을 하여 여종업원으로 일을 하든, 자기가 다니는 회사의 사장 아들과 연애를 하든 그것은 철저히 그녀의 사생활이 되는 것이다. 그렇기 때문에 다음 날 아침 직장 상사가 그녀에게 어젯밤에는 무엇을 했느냐고 물어도 "그것은 제 개인 사생활입니다"라고 간단히 묵살해버릴 수 있는 것이다.

그러나 조선시대의 여종 삼월이는 그렇지 못했다. 하루는 노동 시간과 비노동 시간으로 나뉜 게 아니어서 한밤중에라도 마님이 부르면 일어나야 했다. 당연히 근무 외 시간에 동네 주막에 나가 별도의 부수입을 올리는 것도 불가능했고, 주인집 아들과의 연애 사건은 사생활이 아닌 배은망덕한 일이었다. 임금노동의 특징은 인간의 하루가 업무 시간과 업무 외 시간으로 나뉜다는 것이며, '업무 외 시간의 인간'은 사생활의 권리를 갖는 인간 곧 인권이 부여되는 근대적 인간을 의미하게 되었다. 근대사회가 도래하기 위해서는 임금노동제, 다시 말해 인간의 노동을 돈으로 환산해 매매하는 제도가 선행되어야 한다. 인간의 노동(용역)은 쌀이나 베, 금, 은 등의 현물처럼 쉽게 계량하고 매매할 수 있는 것이 아니어서 먼저 화폐가 발생한 다음에야 비로소 노동도 매매가 가능하게 된다. 따라서 임금노동제가 정착되기 위한 첫째 조건은 화폐경제의 출현이며, 조선 후기에 있었던 그 추동의 근거는 대동법(大同法)의 실시에서 찾을 수 있다.

대동법이란 지방 특산물을 바치던 기존의 공납 대신 쌀로 환산하여 납부하는 대공수미법(代貢收米法)으로, 표면적으로는 조세 징수 방법의 개선에 불과했으나 이것이 사회에 끼친 영향은 실로 엄청났다. 조선시대에 양인이 국가에 바쳐야 하는 조세는 조용조(租庸調) 세 가지가 있었다. 조(租)는 토지에 대한 세금이다. 조선은 왕조 국가여서 모든 토지의 소유권은 원칙적으로 왕에게 있었지만, 왕이 그 넓은 땅을 혼자 경작할 수 없기 때문에 백성에게 조금씩 떼어주어 농사를 짓게 한 후 매년 수확량의 일부를 세금으로 받았고, 이것이 바로 '조'이다. 용(庸)은 국가에 노동력을 제공하는 것으로, 군역을 비롯하여 궁궐 짓기나 도로 닦기, 하천 준설공사 같은 각종 공사에 동원되는 것을 말하는데, 15~55세 사이의 남성 곧 정남(丁男)만이 이 역을 졌다. 끝으로 조(調)란 각 지방의 특산물을 바치는 것으로 일명 공납(貢納)이라 했는데, 징수 과정에서 폐단이 많았다.

공납은 현물(現物)로 바치게 되어 있었는데, 현물의 질이란 천차만별이기 때문에 그 규격과 크기가 세세히 정해져 있었다. 이를테면 굴비 한 두름을 바친다고 할 때 크기는 몇 치 이상 무게는 얼마 이상이라 정해져 있었다. 그런데 분명 그에 맞추었는데도 관아에서 사용하는 자와 저울로 다시 재어보면 규격에 미달되기 일쑤였다. 이렇게 규격 미달이 되면 이속들이 퇴(退)자를 써서 돌려주었는데, '퇴짜(退字)를 맞다'가 '거절당하다'라는 뜻으로 지금도 흔히 쓰이듯 당시 퇴짜를 맞는 일이 자주 있었다. 이렇게 되면 규격에 맞는 물품을 다시 준비해야 하는데, 그러자면 시간과 비용이 또 발생한다. 그럴 바에는 차라리 관아 앞에 마련된 상점에서 규격에 맞는 물품을 사다 내는 것이 편했는데, 사실 이 상점은 관아의 이속과 결탁하고서 시세보다 높은 가격을 받았다. 굴비 한 두름의 평균 시세가 석 냥이라 한다면, 백성에게는 넉 냥에 팔아서 한 냥의 이문 중 닷 푼은 상인이 먹고 또 닷 푼은 이속이 먹는 식이었다. 이러니 공납에 퇴짜를 놓을수록 뒷돈이 생겼고, 백성도 그 사정을 대강 알고 있었기 때문에 미리 돈으로 준비하여 관아 앞에 마련된 상점에서 공납을 사서 내는 일이 흔했으니, 이것이 방납(防納)이다. 분명 불법이었으나 이미 널리 퍼진 관행이었고, 그렇다면 차라리 이를 양성화하여 이속과 상인의 중간 횡령을 없애고자 현물 대신 쌀로 환산해 받은 것이 대공수미법 곧 대동법이다.

사실 이 법은 일찍부터 시행하려 했으나 많은 반대가 있었다. 공납은 가호 단위로 부과되었지만 대동법은 토지 1결당 쌀 12두로 부과되었으므로, 토지가 많을수록 세 부담이 커지는 탓에 양반 관료층의 반대가 심했다. 때문에 광해군 즉위년(1608) 경기도에 시범 실시를 한 것을 시작으로 현종 7년(1666) 함경도에서 실시되었고, 그 후 100년이 지난 숙종 34년(1708)에 이르러 전국 실시가 가능해졌다.

현물로 받던 공납을 쌀로 받게 되면서 생긴 변화는 물류가 집중되는 한강변 주변이 새로운 상업 중심지로 부상한 것이다. 지금의 물류 유통은 기차와 자동차 같은 육상 교통이 담당하지만 이것이 없었던 당시에는 강과 바다를 이용한 해운에 의지했다. 따라서 조운선이 드나드는 바닷길과 강들은 요즘의 고속도로와 같았다. 현재 경부고속도로에서 서울로 진입하기 직전의 용인, 신갈 등지가 물류 집산지이듯, 당시 사대문 안으로 진입하기 직전의 한강변 포구들이 급격한 상업 중심지로 발달하기 시작했다. 그중에서도 대표적인 것이 8강(八江)으로 불린 한강변의 서강, 용산, 송파진, 양화진, 광진, 뚝섬, 노량진, 두모포(현 옥수동) 등이었고, 이러한 상업 중심지에는 이전까지 보지 못했던 객주와 여각, 가가(假家) 등의 새로운 건물이 출현하기 시작했다.

거리에 장문을 열고 매월 두 차례씩 모이니

본디 조선은 상업이 그다지 발달하지 못하여 한양의 육의전과 시전 및 지방 읍성의 관아 앞에 마련된 상설 점포가 국가에서 공인한 상점의 전부였고, 그 외의 상거래는 원칙적으로 금지되었다. 농사는 모든 산업의 근본이지만 상공업은 농업에서 파생된 곁가지라는 인식 때문이었다. 지금도 풍물패 공연을 할 때면 '농자천하지대본야(農者天下之大本也)'라는 글귀가 쓰인 농기를 앞세우고 들어오듯이 농업은 천하의 본(本)이자 미덕이지만, 아무런 수고 없이 단순히 농업생산물을 매매하는 행위만으로 이익을 취하는 상업은 말(末)이요 악덕으로 여겼다. 더구나 농업이 힘들고 고된 노동인 데 비해 상업은 상대적으로 수월했기 때문에 농민은 언제든지 상인으로 전업할 가능성이 있었다.

이 현상이 확산될 경우 농업생산량이 감소하게 되므로 국가에서는 농민이 농사(本)를 짓지 않고 상업(末)에 종사하는 것을 '본말이 전도된다' 하여 엄격히 금지했다. 시장의 개설은 한양과 지방 읍성의 관아 앞에서 허가를 받은 상인들에게만 제한적으로 허용했으니 이들이 바로 육의전과 시전 상인이며, 그외의 허가받지 않은 상인들은 난전이라 했다.

또한 '사농공상(士農工商)'이라 하여 농민은 선비에 버금가는 지위인반면 상인은 가장 말단의 지위로 인식하는 사회 분위기를 통해 상업의 확산을 막았다. 이 순서로만 따지자면 갖바치와 옹기장이처럼 제조업에 종사하는 공인보다 더 못한 것이 상인이었다. 그래서 허생의 아내도 과거를 보아서 벼슬을 하지 않으려면 공장을 하고 그것도 안 되면 장사라도 해보라고, 즉사 — 공 — 상의 순서로 남편을 닦달하고 있는데, 그나마 농업이 빠진 것은 집이 한양이기 때문이다. 그러나 조선 후기 상업은 서서히 번성하고 있었고, 그 최초의 물꼬는 '오일장'이라 불리는 지방 장시에서 시작되었다.

근대적 의미의 상설시장이 생기기 전까지 일상적인 상거래를 담당했던 것은 장시 곧 오일장이며, 이는 대략 400년 전에 처음 생겼다. 물론 이것도 처음에는 금압(禁壓)하는 분위기였다. 『성종실록』에 1470년 큰 흉년이 들었을 때 전라도 지방의 백성들이 스스로 모여 시포(市鋪)를 열고 필요한 것을 맞교환하여 큰 위기를 넘겼다고 되어 있으니, 이것이 기록으로 남은 최초의 장시다. 이렇듯 흉년이라는 위기를 맞아 자발적으로 발생했던 장시가 이후 무안과 나주 등지에서 점차 활성화되자 1473년 신숙주는 그 폐단을 다음과 같이 지적한다.

> 도내 여러 고을의 인민이 그 고을 거리에 장문(場門)을 열고 매월 두 차례씩 여러 사람이 모이는데, 비록 있는 물건을 가지고 없는 것과 바꾼다고는 하나 근본[農]을 버리고 끝[商]을 따르는 것이며, 물가가 올라 이익은 적고 해가 많으므로 이미 모든 고을로 하여금 금지시켰다고 하옵니다.
>
> — 김대길, 『시장을 열지 못하게 하라』(가람기획, 2000)에서 재인용

초기의 장시는 오일이 아닌 보름마다 열렸으며, 물가 상승과 본말이 전도되는 폐단을 바로잡고자 그 개설을 금지했다. 그러나 흉년이 들면 민생을 위해 묵인하는 분위기였고, 이에 17세기 이후로 급격히 발달하게 된다. 방납의 폐단을 시정하고자 대동법을 전국적으로 실시한 것이 18세기 초반이었다. 그렇다면 방납이 성행한 것은 17세기로 볼 수 있는데, 공납을 관아 앞에 마련된 상점에서 구매할 수 있었다는 것은 그만큼 시장이 활성화되어 있었다

는 반증이기도 하다. 또한 국가에서도 현물이 아닌 쌀로 대신 받아도 필요한 물건을 시장에서 살 수 있는 기반이 마련되어 있었고, 덕분에 대동법을 실시할 수 있었으며, 이는 시장을 더욱 활성화시키는 계기가 되었다. 18세기가 되면 시장을 금압하던 기존의 정책 대신 장세를 징수하는 방안으로 양성화되었으며, 1770년에는 전국의 시장이 천여 곳에 이르렀다는 기록이 『동국문헌비고』에 보인다.

요약하자면 장시는 1470년경에 처음 생겨 300년이 지나 전국적으로 확산된 것이다. 시장의 수가 많아지면서 종류도 세분화되었는데 그중 송파장(경기), 강경장(충청), 마산포장(경상), 진두장(평안), 원산장(함경)같이 대형 선박이 오가는 포구 주변의 큰 시장에는 객주와 여각이 함께 번성했다. 이때 객주와 여각은 단순한 숙박업소가 아닌 물품 보관, 위탁 판매, 대금업까지 겸하는 복합 시설이었다.

사설 숙박업의 효시, 객주와 여각

지금의 유통체계가 크게 소매상과 도매상으로 나뉘듯, 조선에도 소매상에 해당하는 행상(行商)과 도매상에 해당하는 객상(客商)이 있었다. 마산에서 잡은 아귀를 원산에서 팔기 위해 마산의 어부가 말린 아귀를 등에 지고 원산까지 오는 일은 당시에도 없었다. 대신 마산장에 아귀를 내놓으면 그것을 행상(소매상)이 사서 객상(도매상)에게 다시 팔고, 객상은 이렇게 모아진 마산의 아귀와 해산물을 배에 싣고 원산에 내린 후 다시 그곳의 행상에게 물품을 넘기게 된다. 다시 말해 마산의 아귀는 원산의 행상이 파는 것이다. 또한 객상도 다른 지방에서 가져온 물품을 직접 장시에 파는 것이 아니라 해당 지방의 행상에게 넘겨야 했는데, 이처럼 객상이 머물면서 물품을 보관하며 행상을 만나 거래를 하는 장소가 객줏집이다. 때로 행상과 객상 사이에 가격 흥정이 잘 이루어지지 않으면 며칠을 기다려야 할 때도 있었는데, 그래도 여의치 않으면 판매를 객주에게 맡겼다. 혹은 급전을 빌려야 할 때도 있었는데, 객줏집에서는 이러한 제반 업무를 모두 담당했다. 따라서 객주집은 단순한 숙박 공간을 넘어 알선, 중개, 위탁 판매 및 대부업까지 했던 최초의 민간 상업 건물이라 할 수 있는데, 유감스럽게도 오늘날 그 유구가 남아 있는 것이 거의 없다.

현재 문화재로 지정되어 있는 고건축의 7할 이상이 사찰이고 나머지는 궁궐, 서원, 향교, 지방관아 등 관청 건물이며, 1할 정도가 주거 건축이다. 민간 상업 건물인 객줏집이나 공공 상업 건물인 시전과 육의전 등 상업 건축은 유구가 남아 있지 않다. 그 이유는 객줏집과 육의전, 시전이 위치해 있었던 곳은 예로부터 상업 중심지였고 또한 현대에도 여전히 상업 중심지인 까닭에 새로운 건물을 짓기 위해 옛 건물을 헐어냈기 때문이다. 육의전과 시전이 늘어서 있던 곳은 종로와 청계천으로, 그곳은 조선시대부터 지금까지 계속 상업 중심지여서 오피스빌딩과 백화점을 지어 돈을 벌어야지 옛 건물을 그대로 남겨둘 수가 없었다. 그래서 우리나라 최초의 민간 상업자본으로 지어진 화신백화점도 자본의 논리 앞에 무력하게 헐리고 종로타워라는 새로운 건물이 들어설 수밖에 없었던 것이다. 지방 도시의 객줏집도 마찬가지였다.

200년 전 객줏집이 즐비했을 한양 밖 송파 나루터는 지금도 대규모 농수산물 유통센터와 대형 백화점이 입지해 있으며, 곧 100층짜리 건물도 들어설 예정이다. 사람이 많이 모이는 곳에는 구경거리도 많은 법이어서 송파 산대놀이로 유명했던 이곳은 대형 놀이공원이 들어서서 지금도 매일 화려한 퍼레이드를 벌이고 있다. 앞으로 200년 후엔 이 퍼레이드도 문화재 지정을 받을지 모르겠지만, 아무튼 우리나라 최초의 민간 상업 건물이었던 객줏집의 형태는 풍속화나 여행기 등을 통해 단편적으로 엿볼 수밖에 없다.

객주라고 하는 것은 좀 큰 부락이나 읍이 아니면 볼 수 없는데, 우선 한 개의 대문이

있고 그것을 지나면 마당, 그리고 마당을 가로질러 저만치에 이른바 객실이 있는 것
이다. (중략) 내가 평양에서 잡은 여숙은 보통 여숙이 아니라 객주라고 부르는 중매업
을 겸한 여숙이었다. (중략) 묵어가는 나그네는 대개가 상인으로, 주인은 그들 나그네
를 위해서 돈을 밥도 상업적 편의를 봐주기로 되어 있었다. 그렇기 때문에 날이면 날
마다 서로 부르고 불리는 거래상의 연회가 끊이지 않는다.

— 비숍, 『한국과 그 이웃나라들』 중에서

    푸른 눈에 비친 19세기 한국의 객줏집 풍경은 풍속화 속의 모습과 크
게 다르지 않다. 그림 속의 객줏집은 객상이 쉬는 방들이 몇 개 있고 말을 매
어둔 마방 및 물품을 보관하는 창고 시설이 발달되어 있을 뿐 여염의 민가와
크게 다를 바 없어서, 백화점은 철저히 백화점답고 호텔은 한없이 호텔다운
현대 건축에 익숙해진 우리를 조금 실망시킨다.

    우리의 전통 건축은 내부의 기능을 외연으로 뚜렷이 나타내지 않는 것
이 특징이다. 근대 건축은 '건축의 형태는 내부 기능을 따른다(form follow
function)'라는 명제로 압축할 수 있을 만큼 철저히 기능주의 원칙을 지키고 있
다. 그래서 학교는 한눈에 보아도 학교임을 알아볼 수 있도록 설계하고, 사무
소 빌딩과 병원 등도 모두 마찬가지이다. 그렇지만 전통 건축은 건물 자체를

〈객주집〉 | 19세기 초에 그려진 객주집의 모습이다. 객주집은 우리나라 최초의 민간 상업 건물이었다. 그러나 객상이 쉬는 방들과 말을 매어둔 마방, 물품을 보관하는 창고 시설이 발달되어 있을 뿐 여염의 민가와 크게 다를 바 없었다. 《기산풍속도첩》, 김준근, 함부르크 민속박물관 소장.

하나의 빈 그릇으로 생각했다. 건축에 어떠한 생활과 기능을 담느냐는 사용자가 결정하는 일이지 건축가가 결정할 일이 아니다. 그릇은 되도록 단순하고 깨끗이 비워져야 했으며, 그래서 사찰이나 궁궐을 제외한 대부분의 건축에서 그 개별적 변별성을 크게 드러내지 않았다. 하여 그림 속 객줏집의 형태가 방의 개수만 많을 뿐 여염의 모습과 크게 다르지 않은 것이며, 또한 객줏집이라는 것이 아직 발생 초기여서 그 형태적 변별력을 갖지 못했기 때문이기도 하다. 아울러 객상과 행상이라는 전통적인 유통 형태가 이후 일제가 실시한 새로운 유통 정책으로 인해 고사하면서 더 이상의 발전을 보지 못한 까닭도 있다.

무릇 새로운 형태의 건축이 나타나면 초기에는 그 건물의 형태를 어떤 모습으로 해야 할지 결정하지 못한 채 기존의 건물 형태를 차용하게 된다. 이를테면 은행제도가 처음 탄생한 15세기 이탈리아가 그러했다. 당시 그곳에는 피렌체와 베네치아를 비롯한 부유한 상업도시들이 많았다. 이들 상업도시에 메디치 가(家)를 비롯하여 스트로치 가, 루첼라이 가 등의 유력 가문들은 팔라초(palazzo)라는 대저택을 짓고 살았는데, 이는 3~4층 높이의 견고하고 육중한 화강암 건물, 도둑의 침입을 막기 위해 작게 만든 창, 르네상스 특유의 고전적이고 우아한 외관 등을 특징으로 한다. 이러한 가문들이 막대한 자금을 바탕으로 대부업을 했으니 이것이 바로 최초의 은행이기에, 은행들은 비교적 최근까지도 메디치 가문의 저택인 팔라초를 모방해 지었다. 물론 우리나라도 예외가 아니어서 1912년 최초로 지어진 조선은행(지금의 한국은행 박물관)도 바로 이 양식으로 지어졌다.

부유한 이탈리아 상인의 대부업을 소재로 한 작품으로는 셰익스피어의 「베니스의 상인」이 대표적인데, 베니스 곧 베네치아는 물의 도시로도 유

한국은행 박물관 | 지금의 한국은행 박물관은 1912년 지어진 조선은행으로, 르네상스 시대 이탈리아의 대상인(大商人)의 저택인 팔라초를 모방했다. ⓒ 김성철

명해서 시내 곳곳에 마련된 수로를 통해 '곤돌라' 라 불리는 나룻배들이 승객을 실어 나른다. 따라서 베네치아의 팔라초들도 대개 강 연안을 향해 있었고, 돈을 빌리기 위해 팔라초에 들락거리는 사람들은 그 앞에 마련된 뚝(제방, bank)에 들락거려야 했다. 그래서 은행을 뜻하는 뱅크(bank)의 본디 뜻이 '강기슭, 뚝, 제방'인 것이다. 우리나라에서도 객상이 일찍부터 존재했고, 이에 객줏집이 좀 더 형태적 변별력을 갖추었더라면 개성이나 박천, 강경 등지의 지방 상업도시에는 숙박, 대부, 물류 보관, 위탁 판매 기능을 수행하는 독특한 건축물이 발달했을 가능성도 있다.

부유한 상인을 상대로 한 것이 객줏집이라면 여각이나 주막은 주로 행상(行商)을 상대했다. 행상이란 물건을 갖고 돌아다니면서 파는 소매상인으로 보부상(褓負商)을 말하는데, 이는 보상(褓商)과 부상(負商)을 합친 말이다. 보상 곧 봇짐장수는 댕기, 화장품, 안경, 비녀, 문방구처럼 가볍고 값비싼 장신구와 문화용품을 취급했으며, 부상 곧 등짐장수는 생선, 소금, 사기 그릇, 목기, 유기, 가마솥같이 무겁고 값싼 생활용품들을 주로 등짐으로 지고 다니면서 팔았다. 해서 무거운 등짐장사보다는 가벼운 봇짐장사가 우위를 차지했다.

또한 봇짐장수들은 대개 가족에게 별도의 집을 마련해주고 혼자 다닌 반면, 등짐장수들은 장가를 들지 못했거나 혹은 처자가 있어도 집을 마련하

〈주막〉 | 행상과 같은 서민들을 상대했던 조선시대 주막의 모습이다. 《단원풍속화첩》, 김홍도, 국립중앙박물관 소장.(허가번호: 중박 200708-332)

지 못해 식솔을 거느리고 장터를 도는 등 고생이 심했다. 이들이 머무는 장소가 바로 여각과 주막이며, 이는 사극에서 흔히 보는 대로 마당에 평상을 놓고 음식과 술을 팔며 숙박도 가능한 형태의 집이다. 저녁을 먹으면 숙박료를 따로 내지 않아도 유숙을 할 수 있었는데, 별도의 개실(個室)을 얻어서 잠을 자는 것이 아니라 큰 방에 여러 명이 함께 자는 형태였다. 그리고 이는 비숍 여사의 여행기에도 선명히 기록되어 있다.

한국에는 관청에서 운영하는 공식적인 여관과 비공식적인 여관이 있다. 비공식적인 여관은 여물통이 놓여 있는 뜰이라는, 사람뿐 아니라 짐승에게도 먹을 것을 제공하려는 공간만 없다면 길가에 있는 흔한 오두막과 다를 것이 하나도 없다. (중략) 군데군데 찢어지고 더러운 종이가 발라져 있는 낮은 장지문은 흙바닥에 돗자리가 깔린 방의 출입구였다. 열린 방문 안을 들여다보니 각재(角材)를 13~15센티미터 정도로 자른 나무베개 대여섯 개가 여기저기 아무렇게나 흩어져 있었다. 농기구와 모자들이 낮고 무거운 대들보에 걸려 있었다. 관리들과 양반들은 가까운 지방 행정관의 접대를 받고 농부들은 세상 돌아가는 이야기를 들을 수 있는 어떤 길손도 환영하기 때문에 이런 방에는 주로 마부들, 하인들, 그 밖의 하층민들이 빽빽이 들어찬다. (중략) 여관에 도착하면 주인이나 하인은 빗자루를 들고 부리나케 달려들어 흙바닥으로 된, 때로는 돗자리가 깔려진 마루의 먼지를 털어내는데 이때 엄청난 먼지가 난다. 메스꺼워진 손님은 그 먼지의 더미에서 먼지뿐만 아니라 뭔가 꼬물거리는 것을 발견하게 된다. 그리하여 손님들의 방에서 나는 짧은 신음소리, 한숨소리, 부스럭거리는 소리들이 이런 벌레들의 존재에 기인하는 것임을 알게 된다.

— 비숍, 『한국과 그 이웃나라들』 중에서

대자본을 소유한 객상을 상대했던 객줏집에서 매일 밤 연회가 끊이지 않던 것과 비교해볼 때 영세한 보부상들이 묵었던 여각의 환경은 매우 열악했다. 그런데 보부상이 장시를 순회했다면, 다시 말해 서서 돌아다니는 '선장사'라면, 같은 소매상이라도 돈을 모아 별도의 상점을 마련해 장사를 하는 '앉은 장사'가 있다. 상업이 발달할수록 선 장사보다는 상점을 갖춘 앉은 장사들이 많아지는데, 이들이 장사를 했던 전문 상점이 바로 가가(假家)였다.

도로를 침범한 가가

일반 백성들이 가게를 열어 물건을 매매하는 곳을 가가(假家)라 한다. 처음에는 문 위에 임시로 설치한 방처럼 옮겨 들일 수 있는 것에 불과했다. 그런데 차츰 흙을 바르고 건물로 쌓아서 드디어 길을 차지하게 되었다. 문 앞에는 나무까지 심어서 말을 탄 사람들이 마주치게 되면 길이 좁아서 다닐 수가 없는 경우도 있다. 길과 거리에는 모두 일정한 치수가 있는 법이고, 율법에도 거리와 골목을 점령하여 방을 만들고 집을 증축하는 것을 처벌하는 조항이 있다. 마땅히 이 법을 살려서 단속해야 한다.

— 박제가 지음, 박정주 옮김, 『북학의』중에서

『북학의』에 묘사된 '가가'의 모습이다. 책의 저술 연대가 1778년인 것을 감안할 때 가가가 처음 등장한 것은 18세기 중반으로 볼 수 있다. 물론 조선에도 일찍이 육의전과 시전이라는 상가 건물이 있었는데, 이러한 건물은 주로 장랑(長廊), 시전행랑(市廛行廊) 등으로 표기되어 있어 긴 행랑 형태였을 것으로 추정된다. 이와 달리 '가가'란 임시로 지은 집, 가건물 등의 뜻으로, 살림집 앞에 임시 매대를 놓고 물건을 팔다가 점차 상설 점포로 변한 것이다.

따라서 시전과 육의전 건물이 관에 의해 주도된 공공건물이었다면 가가는 민이 스스로의 필요에 의해 만든 임시 건물이었고, 이후 '가게'로 변해 지금에 이르고 있다. 20~30년 전만 해도 가게 뒤편에 살림집이 붙어 있는 경우가 많았고 요즘도 재래시장에 가면 상점 안쪽에 살림방이 있는 경우를

볼 수 있는데, 조선시대 가가도 이와 비슷했을 것이다.

　　지금도 길거리의 무허가 노점이 자릿세를 받고 매매되듯 당시에도 가가가 점거한 도로가 사유지화되는 것이 관행이었다. 해서 가끔 어가(御駕)가 움직일 때에는 나졸들이 미리 앞서서 "가가 허느쇼오(가가를 허무시오)"라고 외치고 다녔고, 행차가 지나가고 나면 다시 "가가 도로 지이쇼오(가가를 도로 지으시오)"라 할 정도였다. 현재 구청에서 한 번씩 단속이 나오면 시장의 가판대가 모두 없어져 도로가 갑자기 넓어졌다가 다음 날 다시 예전 모습으로 돌아와 있곤 하는 모습과도 비슷한데, 당시의 이런 모습은 외국인의 여행기에도 자주 등장한다.

길 폭은 보기보다 훨씬 넓었고, 생각처럼 꼬부라진 것도 아니었다. 노점들 때문에 그렇게 보일 뿐이었다. 노점은 대부분 조그마한 규모의 옥외 상점이었는데, 거의가 보통 집만 한 크기였고 일시적인 구조물이 아니라 상설된 것이었다. 그들이 무단 침입자에 불과하다는 사실을 내가 알게 된 것도 어느 정도 시간이 지난 다음이었다. 각기 독립되어 세워진 그 노점들의 단 하나의 공통점이라면 대로를 너무 많이 침범하고 있지는 않다는 것이었다. 공유지에 대한 불법 침해는 대부분의 넓은 길에선 공통적인 현상이었다. 처음부터 길이 너무 많은 면적을 차지하고 있었기 때문에 사람들은 그것을 낭비라고 여겨 일부를 사적인 용도로 유용해온 듯싶다. 평상시에는 그들의 점거가 교통에 방해되지 않으나 왕의 행차가 있을 시에는 길이 비좁아 노점들은 모두 철거 당한다. 그리고 다음 날이면 아무 일도 없었던 듯 다시 들어서곤 한다. 얼마 전에 혁신적인 한 관리가 오랜 기간 묵인돼온 이들 무단 거주자들을 일소하기 위해 법령을 발표했다가 백성들의 반발을 사 부득이 취소한 적이 있었다. 전제정치하의 조선 백성들에게 반발할 힘이 남아 있다는 사실은 참으로 놀라운 일이다.

— 퍼시벌 로웰 지음, 조경철 옮김, 『내 기억 속의 조선, 조선 사람들』 중에서

가가의 도로 점령을 엄금하고 철거까지 제안했던 혁신적인 관리는 박제가(朴齊家, 1750~1805)였는데, 그의 제안이 실제 시행된 것은 100여 년 후였다. 1894년 11월 24일 가가 건축의 금령이 내려졌지만, 이듬해인 1895년 8월 6일에 가가는 화재 방지를 위해 기와지붕과 벽돌로 건축해야 하며 폭과 기둥, 처마의 치수에 대한 몇 가지 원칙을 지켜야 한다는 법령을 발표하는 것으로 사실상 양성화하게 된다. 아울러 어가가 거둥할 때 가가를 헐던 관례를 없애며 10년을 기한으로 가가의 땅을 사용할 수 있게 했다. 그러나 시설은 매우 열악했다.

유리창이 없기 때문에 노점들은 전면이 항상 열려진 상태이고, 방 하나가 상품을 진열하는 곳으로 사용된다. 따라서 겨울철에는 상점 보는 일이 아주 힘든 고역이다. 대부분의 상품을 방 안에 들여놓은 채, 상인은 그 굴속 같은 데 앉아 문에 달린 작은 창을 통해 길가에 진열해둔 물건을 지켜야 한다. 하지만 그런 사치는 예외에 불과할 뿐 대개는 문을 열어놓고 지독한 추위 속에서 떨면서 장사를 한다.

— 퍼시벌 로웰 지음, 조경철 옮김, 『내 기억 속의 조선, 조선 사람들』 중에서

추위에 떠는 고생을 하면서까지 주택 앞에 가가를 설치했던 이유는 좁은 공간에 더 많은 물건을 진열하여 팔기 위함이었다. 장사를 하는 가겟집에는 항상 물건이 쌓이게 되는데, 한정된 공간에 더 많은 상품을 집적하기 위한 가장 좋은 방법은 2층을 쌓아 올리는 일이다. 이리하여 구한말인 20세기 초에 이르면 서울 지역에 최초로 2층 한옥 상가가 출현하게 된다.

서울에서 볼 만한 것은 2층으로 지어진 상점가인데

서울에서 또 하나 볼 만한 것은 2층으로 지어진 상점가로, 아래층은 작은 가게들이

들어서 있지만 가게 입구가 거리로 나 있는 것이 아니라 안마당으로 나 있고, 그 안에 주인이 웅크리고 앉아서 안마당에 서 있는 손님에게 물건을 판매한다. 이 가게들이 얼마나 협소한지 주인 혼자만이 그 안에 서서 겨우 움직일 수 있을 정도이다.

—J. H. 홀 지음, 김영자 옮김, 『서울, 제2의 고향: 유럽인의 눈에 비친 100년 전 서울』 중에서

1882년 미국의 해군 대위였던 홀(Hall)의 기록에 묘사된 2층 상점의 모습이다. 一자형의 2층 상점 뒤에 ㄱ자형의 살림집이 붙은 형태여서 가회동 일대의 ㄷ자집에서 문간채가 2층 상점으로 변형되었다고 생각할 수 있다. 이 때 상점 1층은 상품 진열과 판매 행위, 2층은 물품의 수장과 제작이 이루어졌고, 주인과 그의 가족은 뒤편에 마련된 집에서 살았던 일종의 주상복합(住商複合) 주택이다. 요즘 '주상복합'이라 하면 1, 2층에 상가가 있고 3층 이상의 고층부에 아파트가 있는 대형 빌딩을 지칭하지만, 그 본래적 의미는 상점과 주거가 한 지붕 아래 있어서 가게 주인이 곧 집주인이 되는 주거 형태이다. 즉 상점과 주택이 결합된 형태로, 앞서 언급한 직주일치 주택의 일종이라 할 수 있다.

상점 부분이 2층으로 확장되어 형성된 2층 한옥 상가는 처음에는 남대문로와 종로, 돈화문로같이 시전행랑이 있던 필지에 지어졌고, 이후 20세

기 초반 보문동과 같이 새로 조성된 도시 주거지의 가로변에 지어졌다. 이러한 지역은 대체로 일제시대 경성부의 전차노선이 지나가던 자리였다. 당시의 전차노선은 도성 내의 기존 상업 지역(남대문, 종로)을 시발로 보문동, 돈암동, 안암동 등 도성 밖에 새로 신설된 주거단지로 확장되고 있었는데, 2층 한옥 상가라는 다소 낯선 건물은 전차와 함께 근대 도심의 새로운 풍경을 연출했을 것이다. 또한 그 모습은 기존의 가가와도 조금 달랐다.

18~19세기에 발생한 가가가 주택 앞에 임시로 가판대를 설치하여 물건을 팔았던 말 그대로 가가(假家)였다면, 19세기 후반에 발생한 2층 한옥은 처음부터 주상복합의 목적으로 지어진 집이다. 때문에 가가에서 주거와 상업 영역의 동선이 분리되지 않고 얽혀 있었다면, 2층 한옥은 앞쪽의 ─자형 2층 건물(상업 용도)과 뒤쪽의 ㄱ자형 단층건물(주거 용도)로 그 기능이 명확히 나뉜다. 이러한 기능별 영역 분리와 동선 구분은 근대 건축의 중요한 특징이다.

한편 2층 한옥상가는 가회동의 ㄷ자형 집보다 대지가 좀 더 세장화되는 경향을 보이는데, 이 또한 도심 상업지구의 전형적인 특징이다. 서울 도심, 특히 명동이나 강남역 주변과 같이 지가가 비싼 번화가의 상점과 한적한 지방 도시의 상점은 그 형태가 다르다. 지방 도시의 상점은 도로에 접하는 면이 많아 채광이 좋으면서 내부 평면도 비교적 정방형에 가깝지만, 번화가의 상점은 도로에 접하는 면이 좁으면서 안쪽으로 길쭉한 형태의 장방형 내부 평면이 많다.

상점은 대로변에 면해야 장사를 할 수 있으며, 특히 도로를 접하는 면이 많을수록 유리하다. 해서 지가가 저렴한 지방 도시에서는 도로에 접하는 면이 넓도록 가게를 만들지만, 지가가 높은 번화가에서는 넓은 면을 혼자 점유할 수 없기 때문에 필지는 세로 방향으로 점점 가늘게 구획되며, 상점도 도로에 면하는 부분이 작아지는 대신 안쪽으로 세장한 가게가 만들어지는 것이다. 세계적으로 땅값이 비싸기로 소문난 일본 도쿄의 초밥집이나 우동집은 너무 세장한 형태여서 일일이 테이블을 둘 수가 없다. 대신 긴 바(bar)형 테이블을 만들어 서빙을 하고 있는데, 이러한 바형 서빙 형태가 우리나라에도 상륙하여 서울 명동을 비롯한 도심에서 서서히 번지고 있다.

그러나 예외도 있는데 강남 등지의 부촌에서 볼 수 있는 크고 널찍한 외제 승용차 대리점이 그렇다. 그것은 세장한 것이 아니라 오히려 가로로 넓은 '확장형'인데 물론 승용차라는 상품 자체의 덩치가 큰 이유도 있겠지만, 그렇게 크고 넓은 가게를 사용하기 위해 많은 임대료를 내고 있다는 자본의 과시 효과를 노린 것이기도 하다. 이렇듯 번화한 상점가의 일반적 현상이라 할 수 있는 '필지의 세장화'는 19세기 후반의 2층 한옥 상가에서 이미 나타나고 있었다.

본디 우리나라에는 살림집으로서의 2층은 드물지만 경복궁 경회루나 남원 광한루처럼 누각이 2층으로 되어 있는 경우는 많았다. 때문에 초기의 2층 한옥들도 누각의 형태를 모방해 지었다. 경회루를 보아서도 알 수 있듯이 2층 누각에는 추락을 방지하기 위해 난간을 둘렀는데, 이 형태를 그대로 모방하다 보니 2층에는 기능과 아무 상관 없는 난간이 둘러져 있었고 창호에도 전통적인 창호지문이 달려 있었다. 그러나 1930~40년대가 되면 기능상 무의미하던 2층 난간이 없어지고 창호지 대신 유리를 사용하게 되며, 시멘트, 함석, 페인트 등의 새로운 건축 재료가 사용되기 시작한다. 목재, 흙, 창호지라는 비교적 부드러운 재료가 시멘트, 함석, 유리라는 딱딱한 재료로 대체된 것인데, 이처럼 외피가 각질화되는 것은 앞서 개량 한옥에서도 보이는 것과 같이 도시 주거의 전형적 특징이다.

기존의 가가에서 보이던 주상의 기능 혼재 대신 전면부의 2층 상가와 후면부의 주택이라는 명확한 기능 분리, 거리를 향해 세장화되는 필지, 유리·함석·시멘트라는 새로운 재료의 사용과 그에 따른 외피의 각질화 등 2층 한옥 상가는 근대화된 도시 풍경의 일면을 보여주고 있다.

18세기 말 외세의 점진적 침략에 따라 서구의 건축 문화가 유입되면

덕수궁 석조전 | 커피를 마시고 당구를 즐긴 고종은 서양식 건물을 좋아했다. 덕수궁의 석조전은 조선 왕조가
지은 마지막 궁궐 건축으로, 르네상스 풍으로 지어졌다. ⓒ 김성철

서 조선 사회가 보인 반응은 크게 두 가지였다. 왕실을 비롯한 상류계층에서는 적극적인 수용 자세를 취해 낯설고 기이한 외국 건축을 권력 연장을 위한 과시적 도구로 이용했다. 자신의 재력과 권력을 가장 확실하게 드러내는 것 중 하나가 대형 건축물을 짓는 일이었다.

세계 역사상 그 어느 왕조이든 역사에 남을 기념비적 건물을 짓지 않은 예가 없었는데, 역설적이게도 가장 크고 웅장한 건물은 그 왕조의 쇠퇴기에 나타났다. 대형 건축물의 축조를 권력 과시와 연장의 도구로 이용하기 때문인데, 흥선대원군이 경복궁 중건 사업을 무리하게 강행한 것은 잘 알려져 있거니와 그 아들 고종도 친정(親政)을 시작하면서 유난히 건축 사업을 좋아했다. 특히 '짐(朕)의 발(髮)을 단(斷)하고' 커피를 마시고 당구를 즐겼던 하이칼라 임금답게 서양식 건물을 좋아해서 덕수궁 석조전, 중명전, 존덕전 등의 우아한 르네상스 건물을 지었다. 그러자 이준, 윤덕용, 민겸호 등 종친과 측근들도 그 양식을 모방해 자신의 집을 지었다.

하지만 민중계층은 한옥의 테두리 안에서 신재료의 사용, 새로운 기능의 추가 등으로 변화하는 주거 환경에 적응하여 가회동 개량 한옥과 2층 한옥 상가를 지었다. 특히 2층 한옥 상가의 경우 한옥으로 이층집을 짓거나 상가 건축을 하기가 어렵다는 인식을 뒤집고 변화하는 주거 환경에서도 지속

가능한 전통 건축의 예를 보여주었다. 그러나 불행하게도 해방 후 실시된 미군정과 1950년 한국전쟁 발발 이후 서구 근대 건축의 도입에 의해 더 이상의 발전을 보지 못하고 말았다. 그 후 급격히 진행된 근대화와 도시화의 거대한 힘 앞에서 기존의 2층 한옥들은 모두 철거되었고, 다만 지방 소도시나 서울 북촌 등지의 유서 깊은 동네에서 가끔씩 마주칠 뿐이다.

처음으로 '도시'가 생겨나다

18세기 한양에는 매일 밤 연회가 벌어지던 대규모 객줏집이 있는가 하면 거적에 목침을 베고 여럿이 함께 자는 주막이 있었고, 또한 가가가 도로를 불법 점유할 정도로 이전의 모습과는 사뭇 달라져 있었다. 관청과 육의전, 시전 상가들은 관의 통제를 받는 건물이어서 깨끗하게 유지될 수 있지만 객줏집, 주막, 가가 등 통제를 엄격히 받지 않은 민간 사업체들은 도시 미관을 손상시킬 가능성이 컸다.

　해서 이 시기가 되면 도시 미관에 대한 관심이 급증하고 『경도잡지』(유득공), 『한경지략』(유본예), 『택리지』(이중환), 『북학의』(박제가) 등 도시계획에 대한 저술이 등장하기 시작한다. 이러한 책들은 대개 외국, 특히 중국과 비교하면서 우리 도시의 개선점을 조목조목 지적하고 있는데, 유학자들이 도시에 관해 저술한 것은 그 이전에는 볼 수 없었던 일이다. 따지고 보면 '도시'가 등장한 것은 이때가 처음이라 할 수 있다. 그전까지 조선에는 도시가 아닌 도성(都城)과 도읍(都邑)만이 존재했다.

　　도시는 관청이 밀집하여 정치와 군사의 중심지가 되는 행정도시와, 상공업이 발달하여 교역의 중심이 되는 상업도시로 나뉠 수 있다. 우리나라에서는 행정도시가 주로 발달한 반면 유럽에서는 상업도시가 크게 발달했다. 동양의 전통에 의하면 도읍은 하늘에서 신이 처음으로 강림한 장소이자 일상의 속된 영역과 구분되는 성스러운 곳이었다. 단군신화를 보아도 환웅이 하늘에서 처음 땅으로 내려온 장소에 도읍을 열고 신시(神市)라 하였는데, 대개 고대국가에서 도읍의 계획은 우주적 질서를 지상 위에 구현하는 작업이었다. 대표적인 것이 오행사상(五行思想)을 도시적 스케일로 재해석하여 중앙에 왕궁을 두고 왼쪽(동쪽)에 종묘, 오른쪽(서쪽)에 사직단을 두는 좌묘우사(左廟右社), 앞쪽(남쪽)에 조정(관청)을 두고 뒤쪽(북쪽)에 시장을 두는 전조후시(前朝後市) 원칙이다. 이 원칙은 당나라의 장안성을 비롯하여 신라의 경주, 발해의 장안 등 모든 도성에서 지켜졌고, 지방 도시에서도 규모만 축소되었을 뿐 기

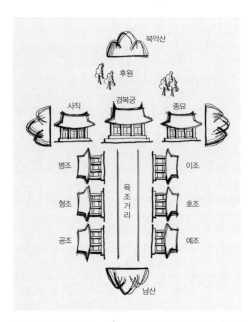

좌묘우사와 전조후시 | 중앙에 왕궁을 두고 왼쪽(東)에 종묘, 오른쪽(西)에 사직단을 두었으며, 앞쪽(南)에 관청을 두고 뒤쪽에 시장을 두는 것이 좌묘우사, 전조후시의 원칙이다. 한양의 경우 북쪽의 산세가 험해 시장이 종로와 청계천에 자리 잡았다.

본 원칙은 그대로 유지되었다. 왕궁, 종묘, 사직, 조정, 시장은 고대국가에서 도시를 이루는 5대 요소였는데, 이 가운데 시장을 제외한 나머지 네 곳이 모두 정치적 장소이다.

더욱이 한양에서 왕궁, 종묘, 사직, 조정은 모두 제 위치에 자리 잡고 있으나, 시장인 육의전은 오히려 조정보다 더 아래쪽인 종로와 청계천에 자리 잡고 있어 이 원칙에서도 벗어난다. 한양은 경복궁 뒤쪽에 산세가 매우 험한 북악산이 있어 시장을 둘 만한 공간이 없었던 이유도 있지만, 시장쯤은 전조후시와 좌묘우사의 원칙에서 벗어나도 문제되지 않을 만큼 중요한 곳이 아니었다는 의미도 된다. 이렇듯 동양의 도시는 철저히 정치적인 곳이었다.

　이와 달리 유럽은 상업도시가 일반적이었다. 고대 로마를 비롯하여 알렉산드리아와 바그다드는 대표적인 교역 도시였고, 베네치아와 피렌체도 무역으로 성장한 도시였다. 중세 유럽 도시를 이루는 주요 요소로는 시장과 교회, 그리고 교회 앞에 마련된 광장이 있다. 특히 장엄미사를 알리는 교회의 종소리가 울리면 상인들이 교회 앞 광장에 모여들어 장을 열었기 때문에 독일어로 예배(미사)를 뜻하는 '메세(Messe)'는 시장, 장날을 의미하기도 했고, 그래서 지금 서울 남대문에도 대형 의류 쇼핑몰인 메사(Mesa)가 있는 것이다.

　도시의 시민이 되기 위해서는 상인조합인 길드에 속하는 것 외에도 몇 가지 까다로운 조건이 더 있었기 때문에 시민계급의 상인들은 자부심을 갖고 있었다. 영국의 에든버러(Edinburgh)에서 버러(burgh)가 도시를 뜻하는 말이듯, 도시에 거주하는 시민계급(burgher class)을 프랑스에서는 부르주아지(bourgeoisie)라고 불렀다. 이 단어는 이후 마르크시즘에서 프롤레타리아(노동자 계층)와 대비되는 자본가 계층이라는 뜻으로 쓰일 만큼 유럽에서 도시는 상업적이고 문화적인 의미가 강했다.

　한편 우리나라에서는 도시의 정치적 의미가 강했다. 2003년 노무현 대통령이 취임 직후 서울의 행정기관을 옮겨 새로운 행정도시를 건설하고자 했을 때 일부에서는 '천도(遷都)'라는 말까지 써가며 반대 의사를 나타냈다. 정치도시와 행정도시의 전통이 너무나 강한 나머지 서울의 중앙 행정부처를 모두 옮기면 도시의 상업 기능과 문화적 인프라까지 함께 사라져 궁극에는 한미한 지방 도시가 되고 말 것이라는 생각이 강하게 자리 잡고 있었기 때문이다. 우리나라는 조선시대까지 도읍과 도성만이 존재할 뿐 상업 기능을 강조하여 저자 '시(市)'자를 쓰는 도시(都市)는 출현하지 않았다고 볼 수 있는데, 실제 '도시'라는 말도 20세기 초에 처음 쓰이기 시작했다.

행정 기능은 배제된 채 순전히 교역의 중심지로서 부상했던 도시는 고려의 자유 무역항이었던 벽란도가 유일할지도 모른다. 그러나 조선 후기 지방 곳곳에는 도읍이 아닌 교역의 중심지로서의 도시가 생겨나고, 더욱이 본디부터 행정도시로 만들어졌던 한양도 점차 상업적 성격이 강화되었다. 국영 시장인 육의전과 시전을 능가하는 대형 시장이 이현(지금의 동대문 시장), 칠패(지금의 남대문 시장)에 들어서고 있었고, 도심에도 가가가 늘어서기 시작했다.

또한 도시민의 성격도 변했다. 과거 한양은 선택된 사람만이 살 수 있는 곳이었다. 왕실을 정점으로 그 일가붙이인 종친과 사대부 등 특권계층 및 이들의 편의를 위해 노비, 군속, 기타 양인과 상공인들이 사는 곳이었다. 그러나 숙종조인 17세기 후반부터 한양은 급격히 비대해지기 시작해, 1657년에 8만 명이던 인구는 1669년에 19만 4천 명으로 늘어났다. 불과 12년 사이에 두 배 반으로 증가한 셈이어서 기록에 다소 오차가 있을 것으로 생각되지만, 이 시기 인구가 급증한 것만은 사실이다. 이는 지방 각처의 외거노비가 도망하여 익명성이 보장되는 한양으로 이주한 것이 큰 몫을 했는데, 앞서 언급한 대로 이들은 도심 서비스업에 주로 종사했다. 경강 주변은 이미 상업도시로 번성하고 있었기 때문에 짐꾼이나 물장수 등 이들의 용역을 필요로 하는 곳이 많았다.

여가침탈, 협호살이

짧은 시간 내에 급격히 인구가 불어나면 공해와 환경 파괴, 주택 부족, 범죄를 비롯한 수많은 도시문제가 발생한다. 그 무렵 한양도 예외가 아니었다. 특히 주택 부족이 심각해서 18~19세기 호구조사나 가옥 문기(文記)에는 협호(挾戶)나 협거(挾居)라는 표현이 자주 등장한다. 이때 협(挾)은 좁을 '협(狹)' 자가 아닌 끼일 '협(挾)' 자로, 행랑채나 문간방 등 가옥의 일부를 빌려 살고 있는 '끼어살이' 즉 셋방살이를 말한다. 지금도 전세나 월세, 혹은 임대아파트에 사는 사람이 많기 때문에 조선시대의 셋방살이가 그다지 심각해 보이지 않을 수도 있다. 그러나 셋방살이와 주택 임대는 의미가 매우 다르다. 주택 임대는 월세든 전세든 혹은 연세(年貰)든 독립된 주택 한 채를 통째로 빌리는 것으로, 고대 사회부터 지금까지 흔하게 있었던 일이다. 반면 셋방살이는 방 한 칸 혹은 아래채나 행랑채같이 주택의 일부를 빌려서 주인과 세입자가 한 지붕 아래 생활하는 것을 말한다. 즉 주택 임대가 '빌려살이'라면 셋방살이는 '끼어살이'라 할 수 있는데, 이는 극심한 주택난에서만 발생하는 극히 예외적이고 일시적인 현상이다.

1960~70년대 서울 등지에 즐비했던 ㅁ자 한옥에는 문간방이나 아래채에서 셋방살이를 하는 사람이 많았지만, 지금은 월세나 전세나 모두 독립된 집을 통째로 빌리고 있다. 자취생이나 대학생, 독신자 등 예전 같으면 문간방 하나를 빌려 살았음직한 이들도 요즘은 원룸이나 오피스텔, 고시원처럼 처음부터 임대용으로 지어진 곳에서 살고 있으며, 이를 셋방살이라고 말하지는 않는다. 돌이켜보면 1960~70년대는 전쟁의 상처를 수습하면서 공업화, 근대화, 도시화가 급격히 진행되던 과도기였고, 그래 셋방살이라는 비정상적인 주거 형태가 잠시 나타났다가 사라진 것뿐이다.

조선시대도 마찬가지였다. 협호, 협거는 셋방살이라는 비정상적인 주거 형태를 말하는 것으로, 당시 한양에 이런 주거 형태가 발생했다는 것은 1960~70년대의 서울과 같은 급격한 인구 팽창이 있었다는 증거이다. 그리고 이보다 더 심한 문제는 여가침탈(閭家侵奪), 곧 집이 없는 양반이 다른 양인의 집을 빼앗아 거주하는 일이었다. 여가침탈에 대한 기록은 왕조실록 중 숙종 45년(1719), 영조 18년(1742) 등 18세기 들어 나타나는데, 이에 대해 영조는 귀가(貴家), 세가(勢家)라 할지라도 숨기지 말고 처벌하라는 강경한 뜻을 밝히고 있다. 이것이 하나의 사회문제가 될 정도로 주택 사정은 열악해져 있었다.

그뿐만 아니라 환경 파괴도 심각했다. 온돌이 널리 보급되어 집집마다 나무를 때기 시작하면서 한양의 산들은 모두 벌거벗은 민둥산이 되어갔다. 온돌은 본디 고구려 지방에서 발달하여 고려시대에 개성 지방까지 전파되었고, 조선 초기에 경기 지방까지 확대되었다. 전국적으로 확산되는 것은 조선 후기에 들어서인데, 그나마 집 안의 모든 방에 온돌을 설치한 것이 아니라 한두 칸 정도에만 설치하고 나머지는 대개 마루방(바닥이 나무 마루로 되어 있어 난방이 되지 않는 방)이었다. 현종 3년(1662)에는 정승 이경석이 "예전에는 공경귀척의 집에만 온돌이 있고 그나마 병자와 노약자의 침실로만 쓰였는데, 요즘엔 모든 집에서 방마다 온돌을 때니 그 목재의 낭비가 심합니다"라고 상소를 올리기도 했다. 하지만 궁녀들은 오히려 "사대부가의 종들도 모두 온돌에서 거처하는데, 궁중의 나인이 마루방에 거처해서야 되겠나이까"라며 온돌을 요구했고, 이에 궁녀의 처소를 온돌방으로 교체했다는 기록도 있다.

그러자 이에 대한 우려의 목소리도 높아졌는데, 방마다 불을 때면서 화재가 자주 발생하는 것, 따듯한 온돌방에만 틀어박혀 게을러지는 것, 나무를 함부로 베어 민둥산이 되는 것 등을 경계한 내용 등이다. 특히 성호 이익(星湖 李瀷, 1681~1763)은 "예전에 마루방에서 잘 때에는 병이 없었지만 온돌방에서 잠을 자면서 병이 생겼다"라는 주장을 하며 한겨울에도 마루방에서 잠을 잔 '냉골예찬론자'이기도 했다.

또한 인구 증가에 따라 생활 폐수가 증가하면서 청계천의 바닥이 높아졌다. 이 무렵 "본디 청계천은 물이 맑아서 신(臣)이 어릴 적만 해도 여름이면 멱을 감곤 했는데, 요즘은 너무 더러워 발조차 담글 수 없습니다"라는 상소가 올라오기도 했다. 상소를 올린 대신의 나이를 50~60대라 할 때, 목욕을 할 정도로 맑았던 청계천에는 불과 40년 사이에 갑자기 하수 찌꺼기가 쌓인 셈이다. 이에 1760년 영조는 청계천 준천(濬川)사업을 실시한다. 한양은 1395년에 정도(定都)를 한 이후로 360여 년의 세월 동안 이렇다 할 준천사업이 실시된 적이 없었는데, 이때 처음 준천을 할 정도로 생활 폐수가 갑자기 증가한 것이다.

이 시기에는 역병(疫病)도 증가한다. 대개 호열자(콜레라)나 장질부사(장티푸스) 등의 전염병이 고대부터 조선까지 간헐적으로 유행한 것으로 알고 있지만, 사실 이런 전염병은 조선 후기에 집중적으로 나타났다. 전염병은 특정 지역에 많은 인구가 갑자기 유입되었을 때 발생한다. 여기저기서 많은 사람들이 모여드는 과정에서 병원균이 옮겨올 가능성이 크고, 주택 부족으로 인한 비위생적인 생활환경 아래 병이 발생하며, 이후에는 밀집된 주거 환경 때문에 더욱 급속히 퍼진다. 일찍이 유럽 인구의 3분의 1을 희생시켰던 페스트(흑사병)나 19세기 영국의 신흥 공업도시에서 발생한 콜레라도 모두 이러한 환경에서 발생했다. 18~19세기 한양에서 발생한 역병도 인구 증가에 따른 환경 악화와 비위생적인 주거 환경에서 기인한 것이었다.

1960~70년대 이농 인구가 서울로 밀려들면서 서울이 급팽창하게 되자 공해를 비롯한 각종 사회문제가 발생했다. 그중에서도 가장 큰 문제는 주택문제, 곧 서민의 내 집 마련 문제였다. 그리고 이를 획기적으로 해결하기 위한 방법은 단 하나, 서울 인근에 신도시를 건설하여 인구를 분산시키는 방법밖에 없었다. 18세기 한양도 똑같은 문제로 고민하고 있었고, 이를 해결하기 위해 한양 인근에 신도시를 건설하는 방법을 택했다. 그곳이 바로 화성이었다.

충청도에 집이 있고

피지 못한 꽃, 지어지지 못한 집

05

가가 허느쇼오, 가가 도로 지이쇼오

한양은 지는 해요,
화성은 뜨는 해라

싱것들과는 함부로 어울릴 수 없으니

육중한 대문 안에 아자살·용자살 창호를 달아

위엄 있게 지어야 왕권에 누가 되지 않으니

버스는 오늘도 오후 다섯 시를 넘는 이 시각에 만원이 되어 교외로 교외로 — 신촌으로, 청량리로, 약수동으로, 미아리로, 돈암동으로, 흑석동으로, 상도동으로, 일터에서 집으로 돌아가는 서울의 남편들을 싣고 달려간다.

기사 김명학 씨는 오늘도 매일과 같은 오후 여섯 시를 지나 공장에서 나와 상도동 행 버스를 탔다. (중략) 산 너머 사람들이라고 하면 마치 두메산골 사람으로 관념할지 모르나 이 아리랑고개를 아침저녁으로 넘나드는 사람들은 대개가 서울 장안에 있는 공무원이나, 회사원인 양복을 입은 한국의 지식인들이다. 처음으로 이 아리랑고개를 올라선 사람이라면 깜짝 놀랄 것이다. 플라타너스 가로수가 우거진 넓은 길이 좌우로 갈라져 내려가고, 종로 화신 앞 같은 로터리가 있기 때문이다. 이 로터리를 해서 동서남북으로 갈라진 십자로 길 가로는 주택영단, 꼭 같은 형의 특호 주택이 즐비해 섰다. (중략) 잔잔한 계곡을 타고 자리 잡은 꼭 같은 형의 특호 주택, 꼭 같은 형의 갑호 주택, 꼭 같은 형의 을호 주택이 줄줄이 좌우로 마치 전차 기갑사단이 푸른 기를 꽂고 관병식장에 정렬하여 서 있는 것 같은 감이다. 관악산의 줄기가 병풍처럼 천여 호의 주택을 둘러쌌다. 이 주택촌을 상도동이라고 한다.

— 김광식, 「213호 주택」 중에서

1956년 현대문학상 수상작인 이 소설에는 한강 너머 노량진을 지나 상도동에 마련된 신천지 같은 주택촌이 그려져 있다. 지금도 아파트 단지 내에 다양한 크기의 집들이 있듯이 당시에도 제일 좋은 특호 주택 아래 갑호 주택과 을호 주택이 늘어서 있는 것이 흥미로운데, 제3행 을호 주택 길에 들어서 213호 자기 집으로 퇴근을 하는 김명학 씨는 며칠간 계속되던 공장장의 권고사직에 오늘 결국 사직원을 쓰고 말았다. 일제시대 공고를 나와 국내 굴지의 인쇄공장에 취직해 이날까지 열심히 일해왔고 내년에 대학에 입학하는 장남을 선두로 아이가 다섯이나 되는데, 나이 마흔을 넘기고서 실직이 된 것이다.

한강 이남에 새로 건설된 신도시, 획일적인 공동주택, 종점에서 만원 버스를 타고 한 시간이나 달려야 도착하는 도심의 직장, '사오정'과 권고사직, 50년 전이나 지금이나 우리네 일상은 별로 달라지지 않았다. 지금 우리는 신도시가 1990년대 분당과 일산에 새로 생긴 것으로 알고 있지만, 50년 전에도 있었고 70년 전에도 있었다. 보다 더 소급해보자면 200년 전에도 신도시는 있었다.

산업혁명 후 처음 생긴 신도시

신도시의 개념을 '도심에 갑자기 많은 인구가 유입되었을 때 그 분산 수용을 위해 외곽에 마련한 주택단지'로 정의한다면, 우리나라 신도시의 역사는 일제시대로 거슬러 올라간다. 1930~40년대 서울은 이농 인구의 유입으로 인해 급격히 팽창했고 이에 경성부는 돈암지구와 영등포지구에 대규모 주택단지를 건설했다. 특히 돈암동과 안암동 인근에 위치한 신설동(新設洞)은 당시로서는 시 외곽에 속했을 동대문 밖에 새로 '신설된 동네'였으며, 서대문 밖의 신촌(新村)도 마찬가지였다. 지금은 볼 수 없는 풍경이 되어버렸지만 일제시대를 배경으로 하는 소설과 드라마에는 전차가 등장하는데, 이 전차 노선들이 주로 도심과 돈암동, 신촌 등 신설 주택단지를 연결하고 있었다. 지금 서울 인근에 신도시가 개발되면 좌석버스를 신설하고 지하철을 개통하는 것과 마찬가지였다.

한국전쟁이 끝난 직후 상도동과 흑석동 일대가 주택지로 개발되면서 한강 너머가 처음으로 서울 권역에 들게 되었다. 그 후 1960년대의 봉천동, 신림동 지역, 1970년대의 잠실, 강남 지역의 개발 붐을 거치고 나면 서울은 더 이상의 확장을 멈추는 대신 인근의 성남, 하남, 부천, 의정부 등이 이른바

'위성도시'로 급성장하게 된다. 이는 1990년대 들어 명확한 도시계획에 의해 계획된 '신도시'보다 선행된 개념이라 할 수 있다. 신도시라는 명칭이 붙은 것은 최근의 일이지만, 도심이 팽창하면서 인근에 새로운 주택지가 급속하게 지어지는 일은 항상 있어왔다.

유럽의 경우에는 산업혁명 직후 근대적 의미의 신도시가 발생했다. 19세기 중반 영국에서 산업혁명으로 대규모 공장이 건설되자 일자리를 찾아 도심으로 몰려든 노동자로 인해 도시 인구가 급증했다. 이들은 주로 아일랜드의 농촌을 떠나 리버풀, 맨체스터, 버밍엄 등과 같은 신흥 공업도시의 공장에 취직하기 위해 몰려든 빈농들이었고, 그로 인해 도시는 매우 열악한 상태에 놓이게 되었다. 이에 정부는 값싼 공동주택을 대량 공급하여 주거 안정을 도모했는데, 이는 결과적으로 공해가 심한 도시에는 공동주택에 사는 공장 노동자들만 남고 공장주를 비롯한 부민(富民)은 도시 외곽에 새로 지어진 고급 단독주택 단지로 이주하는 현상을 낳았다.

본디 중세 유럽에서 '도시'는 자유의 상징이며 '시민'이란 말에는 남다른 자부심도 묻어 있었다. 그러나 산업혁명을 거치면서 도시는 더 이상 자유의 상징이 아닌, 회색 공장에서 뿜어내는 검은 연기가 가득한 가난의 상징이자 절망의 멍에가 되었다. 또한 극심한 주택난 아래에서만 발생하는 셋방

영국 산업혁명 시기의 열악한 도시 주거 환경 | 산업혁명으로 도시로 몰려든 노동자들은 극심한 주택난에 시달렸다. 최악의 경우 단칸의 지하셋방에서 일가족이 거주하면서 돼지까지 키우기도 했다. 이로 인해 정부는 산업도시의 열악한 주거 환경을 개선하기 위해 도시계획을 세웠다.

살이도 발생했는데, 그중 최악의 경우는 단칸의 지하셋방에서 일가족이 거주하는 일이었다. 그곳에 살았던 사람들은 전통적으로 아이를 많이 낳았고 부업으로 돼지를 길렀던 터라 단칸 셋방에는 5~6명의 아이들과 돼지가 뒤엉켜 살았다.

　　열악해진 도시의 주거 환경을 개선하는 것은 너무 어려운 일이었기 때문에 아예 새로운 곳에 계획 도시를 건설하자는 제안도 있었다. 대표적인 예가 영국의 도시계획가 에반에셀 하워드가 1898년 주창한 '전원도시(Garden City)' 개념이다. 이에 1903년 런던에서 34마일(약 54.4km) 떨어진 곳에 레치워스(Letchworth)라는 전원도시가 생겨났으니, 이것이 현대적 의미의 신도시이다. 신도시 개념은 1920년경 미국으로 건너갔고 1970년대는 일본에 상륙했으며, 1990년 마침내 우리나라의 일산과 분당에도 재현되었다.

　　한편 근대적 의미의 신도시 외에도 도시의 급속한 팽창으로 인해 인근에 새로운 주거지를 마련하는 일은 동양에도 일찍이 있어왔다. 풍수지리에 '지기쇠왕설(地氣衰旺說)'이 있다. 어느 한곳을 오래 점유하여 살다 보면 그 지기(地氣)가 쇠하여져 더 이상 살기 어려우므로 새로운 곳을 찾아 떠나야 한다는 뜻으로, 왕권 교체기나 천도를 할 때 자주 쓰던 말이다. 인류가 농경을 하면서 정착생활을 시작했다고는 해도 무한정 한곳에 오래 머물러 산 것은 아니었다. 농경이란 특정 작물을 집중적으로 재배하는 행위여서, 몇 년 동안 농사를 짓고 나면 지력이 약해져 더 이상 농사를 지을 수가 없게 된다. 해서 휴경 기간을 두기도 하지만 그것도 한계가 있어 몇백 년이 지나면 더 이상의 생산은 어렵게 된다.

　비옥한 땅을 찾아 머물러 살면서 농사를 지으면 처음에는 인구가 증가하지만 그 후엔 필연적으로 지력이 약화된다. 생산성이 감소하고 자원 고갈과 공해 등으로 환경이 악화되어 새로운 정착지를 찾아 떠나야 한다. 이러한 일련의 과정을 짧게 압축한 말이 지기쇠왕설이며, 자연에 대한 지배력이 미약했던 고대 국가일수록 이 믿음이 강했기에 천도를 자주 했다. 물론 도읍을 옮기는 데는 외세의 침략이나 정치적인 이유도 있겠지만 지력 약화와 농업생산량의 감소, 환경 악화도 결코 무시할 수 없는 요소였다.

　일제시대 이후 꾸준히 지속된 사대문 밖과 서울 인근의 주거단지 개발, 영국의 전원도시, 지기쇠왕설에 따른 천도 등 새로운 주거지를 건설하거나 옮기는 데에는 인구 증가에 따른 환경 악화라는 공통점이 있다. 18세기 한양은 급격한 인구 유입으로 비대해져 있었다. 목재 남벌로 인한 홍수 피해, 하수량 증가와 토사 유입에 의한 청계천 범람, 주택 부족에 따른 여가침탈 등 많은 문제가 불거져나왔고 이를 해결하는 방법은 단 한 가지, 한양 인근에 신도시를 건설하는 일이었다. 정조는 이를 화성(수원)으로 택했다.

수원 도호부가 화성 유수부로 승격되다

수원은 조선 초기인 1413년부터 도호부(都護府)가 설치되었던 거점 도시였다. 도호부란 '한양을 수호하는 곳'이라는 의미로 경기도에 여덟 곳을 비롯해 전국적으로 75개가 있었는데, 대개 군사적 요충지였다. 그런데 당시 수원 도호부가 있던 자리는 현재의 수원시가 아닌 화성시 송산리 일대로, 산중에 위치해 있어서 산성을 쌓고 방어를 하기에 유리했다. 서양의 도시가 상업도시인 반면 동양의 도시는 주로 군사적 요충지에 자리 잡은 행정도시임을 앞서도 밝힌 바 있는데, 방어를 위해서는 평지보다 산이 훨씬 유리했다. 해서 수원 도호부도 산 속에 위치해 있었고, 남쪽에서 침입해 올라오는 왜구를 도성 바로 앞에서 차단하는 역할을 맡았다. 이곳 도호부에는 '아름다운 꽃의 산'이라는 의미의 화산(花山)이 있었는데, 1789년 7월 정조는 돌연 아버지 사도세자의 묘를 이곳 화산 아래로 천장(遷葬)할 것을 명한다.

본디 사도세자의 묘 영우원(永祐園)은 한양의 북동쪽인 경기도 양주군 배봉산 자락(지금의 서울 전농동 서울시립대학교 뒷산)에 있었는데, 갑자기 남서쪽으로 한참 떨어진 화산 아래로 천장하라는 것이었다. 표면적 이유는 그곳이 '천년에 한 번 나올 만한 복룡대지(福龍大地)'이기 때문이었는데, 문제는 이미 도호부를 중심으로 민가와 마을이 있다는 점이었다. 해서 기존의 관청과 민가는 모두 북쪽으로 8km 떨어진 팔달산 아래 신읍으로 이전하라는 명이 떨어졌으니 이곳이 바로 현재의 수원이다. 지금 수원에 있는 장안문(長安門)과 팔달문(八達門)을 비롯한 유적은 모두 1789년 천장과 동시에 새로 지어진 건물들이다. 한편 수원 구읍에는 영우원의 천장이 이루어져 지금의 융릉(隆陵) 곧 현륭원(顯隆園)이 되었다.

이리하여 본디 도호부가 있던 자리는 현륭원이 되고 이제 신읍을 건설해야 했는데, 그 사업이 지금으로서는 상상할 수 없을 정도로 빠르게 진척되었다. 1789년 당시 수원 구읍에 살고 있던 240여 호의 민가는 7월에 이전 명령을 받았고, 두 달 후인 9월에 절반 정도가 신읍으로 이사를 했다. 아울러 정조가 수원 행차시에 머물 행궁과 지방 수령이 근무하는 관아, 객사 및 타지에서 이주해 들어오는 백성을 위한 민가 700여 호 등이 이듬해인 1790년에 대강 완공되었다.

또한 3년 후에는 기존 수원부의 명칭을 화성(華城)이라 고쳤는데 이는 현륭원이 있는 화산(花山)을 화산(華山)으로 명칭을 바꾸면서 그 성 또한 화성(華城)이라 고쳐 부른 것이다. 그리고 도호부에서 유수부로 승격시킴으로써 도시의 위상을 높였다. 그 후 정조는 매년 현륭원 참배를 목적으로 화성을 찾아 며칠씩 머물렀으며, 특히 1795년에는 어머니 혜경궁 홍씨(헌경왕후獻敬王后)의 회갑연을 비롯한 여러 행사를 치렀다.

요약하자면 1789년 영우원 천장, 1790년 행궁과 관아 완공, 1794년 장안문과 팔달문을 비롯한 성곽 완성, 1795년 혜경궁 홍씨의 회갑연 등 화성 건설은 매우 빠르게 진행되었다. 그뿐 아니라 도시계획의 수법도 이전과는 매우 달랐다.

사통팔달한 산 아래 자리 잡은 도시

화성은 도시계획을 할 당시 전통적인 풍수지리를 적용하지 않았다. 신라·말 승려 도선이 수입한 것으로 알려진 풍수지리는 고려와 조선의 왕도를 정하는 데 지대한 영향을 끼쳤고, 이후에는 길지사상, 도참사상과 습합(쩹合)되어 개인이 집을 지을 때나 무덤을 쓸 때도 영향을 미쳤다. 사실 인간이 먹는 식료와 집을 짓는 데 필요한 흙과 나무는 모두 땅에서 나오기 때문에 땅이 주는 생리(生利)는 매우 중요하다. 그래서 전 세계 많은 문화권에서 땅을 어머니와 동일시하는 지모(地母)신앙이 발견되는데, 이러한 원시적이고 보편적인 지모

신앙이 동양의 독특한 음양오행사상과 결합되어 생긴 것이 풍수지리다.

본디 풍수지리는 주변의 주거 환경을 파악하여 생리를 취득하는 것이 목적이었으나, 고려시대를 거치면서 도참사상과 결합하여 정치적인 의미를 띠기 시작했으며, 조선 후기에는 '조상의 무덤을 좋은 곳에 써야 복을 받는다'는 기복신앙으로 흐르기 시작했다. 이에 조선 후기의 학자들 중에는 풍수지리가 유교에 어긋나는 이단이자 미신과 사술에 가까워 사회문제가 되고 있음을 지적한 이들이 많다. 그런데 이와 달리 화성 신도시 건설에는 풍수지리적 개념이 사용되지 않았다.

여기서 잠시 의문이 생기는데, 정조가 양주 배봉산에 있던 사도세자의 묘를 수원의 화산 아래로 옮긴 것은 그곳이 풍수지리적 길지라는 이유에서였다. 그렇다면 조선 후기 개혁군주였던 정조 역시 풍수지리에서 자유로울 수 없었다는 것이 아닌가라고 말할지 모르겠다. 하지만 그것은 표면적으로 내세운 구실에 불과했다. 다시 말해 수원 구읍을 신읍으로 옮겨 새로운 도시를 건설하는 큰일을 시행하기 위해 '아버지 묘의 천장'을 명분으로 내세운 것이라 볼 수 있다. 수원은 도호부가 설치되어 있던 거점 도시였으므로 별안간 그 위치를 옮기는 것은 왕이라 해도 쉽게 처리할 수 있는 문제가 아니었다. 그러나 효(孝)가 국시인 조선에서 아버지의 묘를 좀 더 좋은 곳으로 이장한다는 데는 아무도 반대의사를 표명할 수 없었다. 선왕의 묘를 명당 수원으로 옮겨야겠으니 구읍의 관청과 민가는 인근의 신읍으로 옮겨가라, 이 말에는 조선 사회가 목숨처럼 떠받들고 있는 효와 충이 함축되어 있기에 아무도 이의를 제기할 수 없었다. 부언하자면 정조는 아버지의 묘를 천장한 후 인근에 신읍을 건설한 것이 아니라 신읍 건설을 위한 명분으로 천장을 택했던 것이다.

기실 화산 아래의 수원 구읍은 첩첩이 산중에 쌓여 있어 풍수지리적으로 명당이라 불릴 만하며, 대개 이런 곳에 도성이나 지방 읍성이 위치한다. 서울 인근의 남한산성이나 북한산성, 행주산성, 아차산성을 보면 알 수 있듯이 우리나라는 전통적으로 산등성이를 따라가며 성을 쌓는 산성이 발달했다. 따라서 읍성은 사방이 산으로 완만히 둘러싸인 곳에 위치하는데, 도호부가 있던 수원 구읍도 이 원칙을 따랐다. 그러나 조선 후기 수원은 이러한 행정도시, 군사도시로서의 성격 외에 새삼 상업 중심지로서의 성격이 강하게 부각되기 시작했고, 이에 기존의 구읍으로는 상업 중심지의 역할을 수행하는 데 한계가 있어 인근에 신읍을 건설해야 했다.

화산 아래 위치한 구 수원은 산 속에 있어 방비는 쉬울망정 많은 물화(物貨)와 사람이 드나드는 데는 한계가 있었다. 대신 인근 팔달산 아래 신 수원은 교통의 요지에 있어 물류 유통이 뛰어난데, 이것이 바로 정조가 읍성을 옮긴 이유였다. 특히 '팔달산(八達山)'은 조선 태조가 '아름답고 사통팔달한 산'이라 명명한 데서 유래할 만큼 교통의 요지에 있었다. 장사를 하려면 우선 길목에 앉아야 한다는 말이 있듯이 상업도시의 첫 번째 요건은 교통의 요지에 자리 잡는 것이었다. 이렇듯 화성은 상업적 목적으로 계획되었기 때문에 도시계획에서도 기존과는 많이 달랐다.

동양의 도시는 정치적 행정도시로서, 그 도시계획 또한 철학적 사유에 의해 구현됨은 앞서 밝힌 바 있다. 그리고 그 기본 원칙들은 지방 도시인 읍성에서도 규모만 축소된 채 그대로 재현되었다. 지방 읍성에서 가장 중요한 시설을 수령의 집무실인 동헌이라 생각하겠지만 실은 그 옆에 마련된 객사 건물이다. 객사는 마루 한 칸에 좌우로 온돌방 두 칸을 둔 간단한 건물이지만 마루에는 임금을 상징하는 전(殿)자와 궁궐을 상징하는 궐(闕)자가 새겨진 두 개의 나무패를 두었고, 지방 수령은 매월 삭망에 여기에 배례를 올렸다. 좌우에 놓인 온돌방은 공무차 방문하는 손님의 숙소로 쓰였는데, 그 손님도 대개 중앙에서 왕명을 하달하러 온 사람이었다. 따라서 객사란 단순한 숙소가 아니라 지방에까지 미치는 강력한 왕권의 상징이었다. 수령의 집무실은 객사의 동쪽에 있기 때문에 동헌(東軒)이라 불렸다. 그리고 서쪽에는 사직단과 성황당, 여단 등 그 지방의 토속신을 모시는 사당을 두었다.

그런데 화성에는 객사 대신 임금이 머무는 행궁(行宮)을 두었다. 행궁이란 왕이 도성 밖에서 머물 때 사용하는 궁으로, 조선시대에는 남한산성에 광주행궁, 북한산성에 양주행궁, 강화도에 강화행궁을 두었는데, 대개 유사시 피난의 목적으로 지어졌다. 다만 온양행궁만이 왕실 가족의 온천욕을 위한 일종의 별장으로 사용되었다. 그런데 피난이나 휴양 용도가 아닌 행궁을 화성에 설치했고, 그 규모도 620여 칸으로 행궁 중에서는 가장 컸다. 특히 좌향(坐向)이 동향이었다.

　　일반적으로 경복궁이나 창덕궁 등 한양의 모든 궁은 남향이며, 이는 지방의 행궁은 물론 객사에서도 반드시 지켜야 하는 원칙이었다. 그러나 화성만은 예외였는데, 화성은 그 위치가 서울과 삼남을 잇는 교통로의 가운데 있어서 여느 도시들처럼 남북대로를 낼 경우 도로가 행궁을 관통해 나갈 위험이 있었기 때문이다. 그래서 기존의 도로축을 따라 행궁은 동향을 하게 되었고 도성의 간선도로 또한 남북대로가 아닌 동서대로가 나게 된 것이다. 이 길은 지금도 수원의 주요 간선도로가 되어 '동서로'라는 지명으로 남아 있으며, 현재의 수원 시청도 이 동서로 주변에 있다. 이처럼 수원은 풍수지리나 정치적 유교 질서를 따른 것이 아닌 실리적 이유를 따져 계획되었으며, 무엇보다 우리나라 최초로 계획된 자급자족 상업도시였다.

자급자족의 상업도시, 화성

한양을 비롯한 지방의 읍성들은 생산기반을 갖추지 못한 채 조세로 거두어들인 것을 소비하는 소비도시였다. 그러나 화성은 인근에 대유둔(大有屯)과 서둔(西屯) 등의 국유전과, 만석거(萬石渠)와 축만제(祝萬堤)라는 대형 저수지를 두어 농업 생산기반을 갖추었다. 이곳에서는 단순한 경작뿐 아니라 여러 가지 선진 농업을 실험했다. 현재 만석거는 일왕저수지로 이름이 바뀌었지만 근처에 만석공원이라는 도시 공원이 남아 있어 옛 흔적을 남기고 있다.

한편 서둔 근처에 있던 축만제는 현재 서호(西湖)라 이름이 바뀌었고 인근에 농촌진흥청과 서울대학교 농업생명과학대학이 있어 선진 농업의 실험장이었던 과거의 명성을 간직하고 있다. 특히 이곳 지명이 '서둔동'인 것은 서둔이 있었던 데서 유래한다.

이처럼 둔전과 저수지를 갖추었던 것 못지않게 정조는 화성을 상업도시로 육성하고자 했다. 수원 거주민 중에서 장사를 할 줄 아는 자를 택해 6만 냥 정도의 자금을 대어 화성에 시전을 짓고 장사를 하도록 유도했으며, 실제로도 일부 시행되었다. 1792년 작성된 『수원부읍지』에는 화성 읍내에 입색전(立色廛, 비단가게), 어물전(魚物廛, 생선·과일 가게), 목포전(木布廛, 무명·모시·목화 가게),

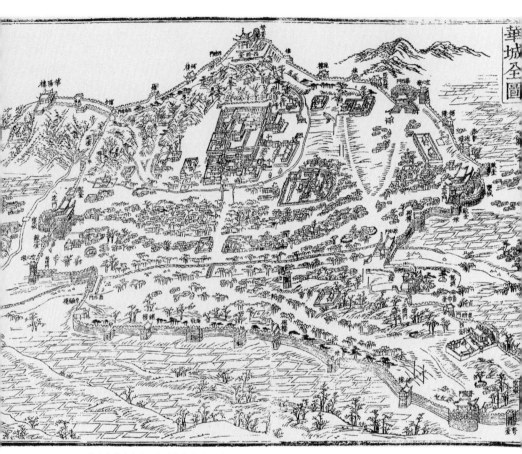

『화성성역의궤』 중 〈화성전도〉　|　정조는 사도세자의 묘를 천장하기 위해 기존 수원 도호부를 지금의 팔달산 아래로 옮기고 새로이 화성이라 칭했다. 새롭게 만들어진 화성은 평지에 세워진 성곽도시라는 특징 외에도 우리나라 최초로 계획된 자급자족 상업도시라는 데 큰 의의가 있다.

상전(床廛, 소금·일용잡화 가게), 미곡전(米穀廛, 쌀가게), 관곽전(棺槨廛, 관·곽을 파는 가게), 지혜전(紙鞋廛, 종이·신발 가게), 유철전(鍮鐵廛, 놋쇠·유기 가게) 등의 상설 점포가 있었다는 기록이 있는데, 이는 모두 국가에서 인정하는 공식 상점인 시전이었다. 조선 왕조가 상업과 시장의 발달을 크게 장려하지 않아 지방 읍성에 시전이 설치된 예가 거의 없었던 것을 생각해볼 때, 화성의 위상이 매우 높았음을 알 수 있다. 더욱이 한양에서는 1791년 육의전을 제외한 시전 상인의 금난전권(禁難廛權)을 완전히 철폐하는 '신해통공(辛亥通共)'을 실시했음에도 불구하고 화성의 상인들에게는 관모(官帽)와 가삼(家蔘)에 한해 독점 판매권을 인정해주는 특혜를 베풀었다.

그와 더불어 화성 부근에 오일장을 설치하여 면세 혜택을 주었다. 지방 장시가 15세기 말경 전라도 지방에 처음 출현했고 조정에서도 처음에는 금압하는 분위기였으나 차츰 장세(場稅)를 받는 것으로 양성화했다는 것을 앞서 밝힌 바 있다. 그러나 화성 부근에 설치한 장시에 면세 혜택을 주었다는 것은 상당히 파격적인 대우였다. 또한 수원부에 1만 냥을 지급하여 기와를 굽게 하여 원가로 판매함으로써 읍내의 집들을 모두 기와집으로 짓게 했다. 이뿐만이 아니었다. 요즘도 신도시를 개발할 때면 원 거주민에게 보상과 이주 비용을 지급하는 것처럼 당시에도 구읍을 신읍으로 이전하면서 주민들에게 집값과 이주 비용을 지급했다. 그러나 무엇보다 화성의 가장 큰 의미는 축성 작업을 할 때 기존의 부역노동이 아닌 현대적 의미의 임금노동 곧 노임제가 적용되었다는 점이다. 다시 말해 백성을 무상으로 징발한 것이 아니라 돈을 주고 그들의 노동력을 샀던 것이다.

노임제, 임금노동의 시작

노임제는 대동법의 정착에 따라 화폐경제체제로 전환되는 17세기 중반부터 여러 관급 공사에서 꾸준히 진행된 현상으로, 정조는 건축 공사에서 노임제를 적용한 최초의 임금이었다. 그전까지는 부역노동이 일반적이었는데, 물론 노동력을 무상 징발한 것은 아니었다. 징발된 사람들은 매일 9두의 요미(料米)를 받았는데, 이는 아침, 점심, 저녁의 세 끼를 먹을 수 있는 삼시료(三時料)였다. 따라서 한 끼에 3두 곧 30홉이 할당되는데, 대개 성인 남자가 한 끼에 7홉 정도를 먹으므로 30홉은 여자, 어린이, 노인 등이 포함된 5~6인 가족이 먹을 수 있는 양이었다. 즉 요미는 국가에서 가장의 노동력을 징발한 데 대한 기본적인 보상의 개념이었지 경력과 숙련도에 따라 그 노동력을 구매한 것이 아니었다. 따라서 전문 인력인 장인이나 단순 징발된 정남이나 모두 같은 양의 요미를 받았다.

그런데 부역 노동이 점차 노임제로 바뀌는 과도기적 단계에서 장인은 관에 소속된 사람이라 종전대로 요미를 지급하고 정남에게는 노임을 적용하다 보니, 숙련공인 장인보다 비숙련공인 정남이 오히려 더 많은 급료를 받는 현상이 일어나기도 했다. 이러한 모순을 극복하고자 정조는 장인에게도 노임제를 적용했다. 최고 기술자인 목수는 일당 4전 2푼(쌀 10승에 해당)으로 최고 임금을 받았으며, 돌을 다루는 석수는 자신의 조수와 한 패가 되어 쌀 7승 정도를 받았다. 별다른 기술이 필요 없는 단순 잡역부들은 3전이나 2전 5푼 정도의 적은 일당을 받아 숙련도에 따라 차등 임금을 받았음을 알 수 있다.

흔히 왕조 국가에서 왕을 제외한 모든 백성은 그의 신하라고 하는데, 이 '신하'란 쉽게 말해 왕이 마음대로 부릴 수 있는 종이다. 특히 왕궁을 비롯한 국역 사업에 정남을 징발해 일을 시키는 것은 왕권이 가장 적극적이고 강력하게 행사되는 예라 하겠다. 그나마 하루치 양식을 준 것은 왕도정치를 표방했던 근세 국가였기 때문이고, 전제 왕권을 행사했던 고대 국가에서는 줘도 그만 아니 줘도 그만이었다. 실제 중국에서는 만리장성 축성시 백성들이 자신이 먹을 도시락을 지참해야 했다.

노동력을 무상 징발하는 것에서 돈을 주고 매매하는 것으로 전환된 것은 조선 후기 전반적인 사회 현상이었다. 양반가에서 솔거노비를 줄이고 대신 돈으로 용역을 구매하는 일이 증가했다고 앞서 언급했는데, 왕의 입장에서 보자면 부역노동을 줄이고 임금노동으로 전환한 것도 같은 맥락에서 해석할 수 있다. 나아가 순조 때가 되면 공노비를 해방시키고 대신 돈으로 그 노동을 구매하게 된다. 노동이 시간으로 계산되어 매매되는 것은 근대 자본주의 사회의 특징으로, 조선 후기에 그 맹아가 나타나고 있었다.

임금노동을 하게 되면 고용주의 입장에서도 노동력을 절감하여 노임을 줄이려 하기 때문에 과학과 기술이 비약적으로 발달한다. 화성 역사(役事)를 이야기할 때 빼놓지 않고 등장하는 것이 정약용(丁若鏞, 1762~1836)이 발명했다는 거중기(擧重機)인데, 당시 이것이 사용된 이유는 노임제 적용에 따라 인건비 절감이 매우 절실해졌기 때문이다. 일반적으로 노동 현장에서 인건비가 비싸지면 기계를 구입하게 되는데, 화성 역사에서는 거중기뿐 아니라 다양한 장비가 사용되었다. 『화성성역의궤(華城城役儀軌)』에 기록된 장비의 종류는 모두 열 가지로 거중기, 대거(大車, 소 40마리가 끄는 대형 수레), 평거(平車, 소 10마리가 끄는 중형 수레), 발거(發車, 소 1마리가 끄는 소형 수레), 동거(童車, 사람 네 명이 끄는 수레), 유형거(遊衡車), 별평거(別平車), 녹로(轆轤), 썰매[雪馬], 구판(駒板)이다. 이

때 뒤에 거(車)자가 붙는 것은 모두 수레로, 전체 10종 중 6종이 수레였다. 한편 썰매와 구판도 짐을 실어 끈다는 점에서 수레와 비슷하므로 결국 수레가 전체의 8할을 차지했다. 수레는 짐을 져 나르는 단순하면서 고된 노동을 대체해주는 기계인데, 이렇게 수레가 많이 필요했던 이유는 무언가 운반해야 할 건축자재가 많았음을 뜻한다. 그것은 바로 벽돌이었다.

장안문과 팔달문을 비롯해서 공심돈(空心墩)과 봉돈(烽墩) 등 현재 수원 시내 곳곳에 있는 건물은 벽돌로 지어져 한껏 세련되고 근대적인 인상을 풍긴다. 전통 건축이 벽돌로 지어진 것이 생소해 보일지 모르나 오히려 삼국시대에는 흔히 존재했다. 대표적인 예가 분황사의 모전석탑과 무령왕릉의 내부 석실 등으로, 모두 벽돌을 쌓아서 석탑과 무덤을 만들었다.

이러한 벽돌 건축이 궁궐이나 살림집에까지 널리 퍼지지 못한 이유는 토질 때문이었다. 벽돌을 굽자면 고운 점토질의 흙이 필요한데 우리의 토질은 벽돌을 만들기에 적당치 않아서 나무기둥으로 뼈대를 짠 후 그 사이에 흙을 채워 넣는 방식이 널리 채용되었다. 뒤에 자세히 후술하겠지만 조선 후기가 되면 북학파 학자들을 중심으로 벽돌의 효용성이 강조된다. 해서 벽돌로 집을 지을 것이 꾸준히 제시되지만 실제 그것이 민간에 퍼지지는 못했고, 다만 화성에서만 시범적으로 실시되었다.

벽돌로 지어진 화성의 봉돈 | 지금도 수원 시내 곳곳에 남아 있는 건물은 벽돌로 지어져 한껏 세련되고 근대적인 인상을 풍긴다. 벽돌은 우리나라 토질에 적합지 않아 널리 퍼지지는 못했으나 조선 후기 들어 북학파 학자들을 중심으로 그 효용성이 강조되었다. ⓒ 김성철

또한 공기(工期)도 많이 단축되었다. 이는 노임제 적용도 이유가 되겠지만, 건축 구조가 단순화하고 조립식 부재의 사용이 증가했기 때문이다. 조선 중기까지 다소 복잡했던 건축 구조는 후기에 들어 단순화되는 경향을 보이는데 이는 구조 기술이 쇠퇴해서가 아니라 발달했기 때문이다. 처음에는 벽돌만 했던 휴대폰도 기술의 발달에 따라 크기가 점점 작아지듯이, 같은 규모의 집을 지을 때 복잡하던 구조가 단순한 구조로 바뀐 것은 그만큼 건축 기술이 발달했다는 증거이다.

기둥이나 문짝 같은 부재를 시장에서 구입할 수 있게 되면서 공사 기간은 더욱 단축되었다. 이는 단순히 시장 기능의 활성화뿐 아니라 건축의 공업화, 규격화라는 점에서 큰 의의를 갖는다. 현대 건축에서는 철근, 문짝, 유리, 타일, 싱크대, 세면기 등 거의 모든 부재를 시장에서 구입해서 사용하는데, 이 현상이 조선 후기부터 시작되었다고 볼 수 있다.

요약하자면 화성 건설에는 여러 근대적인 기법이 적용되었다. 이주 보상비나 장인에게 지급된 임금 등은 요즘의 시세와 비교하여 큰 차이가 나지 않으며, 거중기를 비롯하여 40마리의 소가 끄는 대거와 10마리의 소가 끄는 평거는 상당한 중장비였다. 화성 인근에 거대한 둔전과 저수지를 마련하여 관개농업을 비롯한 새로운 농업 기법을 선보였으며, 전통 건축에 벽돌 사용이라는 새 지평을 열기도 했다. 그러나 불행하게도 1800년 정조는 돌연 종기가 돋아 48세라는 아까운 나이로 승하하면서 1789년 영우원의 천장으로 시작되었던 화성의 발전은 정조의 사망까지 불과 12년이라는 짧은 기간에 급격히 피었다가 시들어버리고 말았다. 과연 화산(花山) 아래 화성(華城)이라는 이름답게 꽃처럼 짧고도 화려하게 피었다가 빠르게 이울어버린 것이다.

오늘날 앞 다투어 건설되는 신도시에는 많은 암류들이 흐르고 있다. 신도시 건설의 표면적 이유는 서민들의 내 집 마련이지만 그 이면에는 부동산 경기 활성화를 통한 경제 성장 및 정치 안정이라는 더 큰 이유가 있다. 정조의 화성 건설 또한 마찬가지였다. 현륭원 참배와 혜경궁 홍씨까지 동반한 성대한 을묘년(1795, 정조 19) 원행(園行)은 조선의 최고 국시였던 효를 표방하면서도 신도시 건설을 통한 자금 조달 및 왕권 강화라는 실리적 이유를 감추어주었다. 무엇보다 한양은 급격히 비대해져 많은 사회문제와 도시문제를 안고 있었으며, 이를 가장 효율적이고 쉽게 해결하는 방안은 인근에 새로운 도읍을 형성하여 그 기능을 분산 수용하는 것이었다.

지금도 서울 인근에는 신도시들이 계속 건설되고 있으며, 그 신도시 주변에는 더 작은 미니 신도시들이 끊임없이 건설되고 있다. 하지만 이런 신도시들은 자립 기반을 갖추지 못한 채 대도시의 베드타운 역할을 하고 있는 것이 현실이다. 결혼 몇 년 만에 신도시에 널찍한 아파트를 마련했다고 좋아하지만, 그 아파트의 대출금을 갚기 위해 부부는 맞벌이가 되어 매일 몇 시간씩의 통근 전쟁에 시달리며 서울의 직장으로 출퇴근하고 있다.

같은 가격으로 서울보다 더 쾌적한 환경에 더 넓은 크기의 아파트를 구입했다고 생각할지 모르나, 하루 대부분을 도심의 직장과 출퇴근길에서 보내느라 실제 그 아파트에서 생활하는 시간은 얼마 되지 않는다. 그것은 신도시에 주거 시설만 있을 뿐 산업 시설과 생산기반이 갖추어지지 않았기 때문이다. 그러나 200년 전 조선의 신도시는 자체 생산기반을 갖추고 있었으며, 무엇보다 농촌이 신도시로 개발될 때 원 거주민이 소외되는 지금과 달리 원 거주민에게 신도시에 살 수 있는 권리가 당당하게 주어졌다. 조선 최초의 신도시 화성, 화성의 의의는 바로 거기에 있다.

홍예문 무지개문 열어라

피지 못한 꽃, 지어지지 못한 집

06

상것들과는
함부로 어울릴 수 없으니

가자 허느쇼오, 가자 도로 지이쇼오

상것들과는 함부로 어울릴 수 없으니

육중한 대문 안에 아자살 용자살 창호를 달아

차라리 부셔라, '함께 살아가는'

"우리나라에는 몇 군데 명당자리가 있는데 그곳에서 앞으로 이 나라를 이끌어갈 사람이 태어날 것이며 그의 성은 모씨다" 등의 이야기는 누구나 한번쯤 들어보았을 것이다. 일명 『정감록(鄭鑑錄)』이라 하여 18세기 이후 크게 유행했는데, 사실 이런 정치적 예언은 시대와 나라를 막론하고 사회 혼란이 극심할 때면 어김없이 등장하곤 한다. 그중 우리나라의 예언은 '명당에서 훌륭한 사람이 태어난다'는 식으로 풍수지리와 강하게 연관된 것이 특징이며, 때로 '십승지지(十勝之地)'라 하여 그 명당의 구체적 지명까지 드러내고 있다.

명종 때의 풍수가 격암 남사고(格菴 南師古, 1509~1571)는 『산수십승보길지지(山水十勝保吉之地)』에 "세상에 몸을 숨길 만한 곳〔藏身之地〕이 군데군데 있으나 모두 인용하기는 어려우므로, 가장 좋은 곳 열 군데〔十勝之地〕만 기록한다"는 글과 함께 그 구체적 지명을 남겼다. 이 시기의 많은 도참서들에는 십승지지라 하여 그 지명을 남기는 일이 많았으니, 대체로 풍기, 가야, 공주, 풍천, 영월, 무주, 무풍, 부안, 운봉, 안동, 화산, 보은 등이다. 이들 지역은 한결

같이 한강 이남의 충청과 전라, 경상 지역이며 대체로 삼면이 산으로 둘러싸이면서 마을의 출입구는 단 한 곳뿐이어서 외적의 방비에 유리한 점, 외부와의 접촉 없이 자급자족으로 먹고살 수 있다는 공통점을 지니고 있었다.

그런데 이상한 일이다. 전통적인 농업국가에서 좋은 땅이란 사방이 탁 트여 넓고 비옥한 평야로서 주변에 수원(水源)이 풍부하며 교통이 편리해 해산물과 임산물을 구하기 좋은 곳일 것 같은데, 어째서 '사방이 산으로 둘러싸여 있어 눈에 잘 띄지 않고 숨어 지내기 좋은 땅'인 것일까? 그뿐 아니라 이런 곳에는 어김없이 명문 씨족마을이 입지해 있다. 씨족마을이 우리의 유구한 전통이라 생각하는 이들이 많지만, 현존하는 씨족마을의 3분의 2 정도는 임진왜란 이후 150~200년 사이에 창설된 것에 불과하다. 그렇다면 임진왜란 직후 전국에 이렇게 많은 씨족마을이 생겨난 이유는 무엇일까? 몸을 숨기기에 좋은 곳으로 몰려들어야 했던 그 절박한 이유는 무엇일까?

부족해지는 토지

농업국가에서 가장 중요한 생산수단은 농지와 그것을 경작할 사람이기 때문에 조선 왕조는 초기부터 농지를 늘리기 위해 많은 노력을 기울였다. 고려 말 농지를 떠나 유망(流亡)하는 사람이 많아지면서 농지는 버려지고 피폐해져 있던 터라 조선 초기에는 오래되어 황폐해진 진전(陳田)을 개간하면 그 땅의 소유권을 인정해주고 전세(田稅)를 받는 방법을 취했다. 그때는 땅을 개간할 노비만 있으면 비교적 쉽게 땅을 늘려나갈 수 있었지만, 중기 이후가 되면 사정이 달라진다. 웬만한 땅은 개간이 끝나 모두 임자가 생겼고 또한 국가체제가 정비되면서 관료와 종친의 수가 늘어나 이들에게 지급해야 할 농지도 많아졌다.

이렇게 토지가 부족해지자 과전법(科田法)은 직전제(職田制)로, 다시 녹봉제(祿俸制)로 바뀌게 된다. 관리가 되면 일정한 땅을 받게 되는데, 이때 받은 땅을 관직에서 물러나도 그대로 가지고 있는 것이 과전법이라면, 직전제는 관직에서 물러날 때 그 땅도 환수되는, 따라서 현직 관리만이 토지를 소유할 수 있는 제도이다. 조선 중기 이후에는 그것도 모자라 땅이 아닌 녹봉을 지급하는 방식으로 변하게 된다. 반면 왕자녀에게 지급된 궁방전(宮房田)은 전국에 걸쳐 증가하고 있었다. 조선에서 왕자녀와 종친은 관직에 나아갈 수 없는 대신 평생 넉넉하게 먹고살 만한 땅을 지급해주었는데, 이 궁방전은 대대로 세습되었다.

이렇듯 농지는 점차 귀중한 생산자원이 되었다. 예전에 노비만 있으면 진전을 개간하여 늘릴 수 있던 땅이 이제는 돈을 주고 매입해야만 하는 값비싼 것이 되면서 그 토지를 상속하는 방법 또한 바뀌게 된다. 본디 조선은 초기와 중기까지만 해도 부모가 죽으면 자녀에게 토지를 똑같이 분배하는 균분상속(均分相續)이 일반적이었다. 그러나 임진왜란 이후 장남에게 모든 재산을 단독 승계하는 방식으로 바뀌게 되는데, 이렇게 된 까닭은 토지가 점차 부가가치가 높은 생산수단이 되면서 균분상속으로 재산이 분할되는 것을 막기 위해서였다. 1백 마지기의 땅이 있다고 할 때 4명의 자녀에게 250마지기씩 분할하고 난 뒤 다음 세대가 각자의 자녀에게 또다시 균분상속을 하면 손자대에 이르러 채 열 마지기도 못되게 분할된다. 하지만 장남에게 1백 마지기를 모두 물려주고 장남 또한 장손에게 그 땅을 고스란히 물려주면 재산은 분할되지 않고 영원히 이어질 수 있다고 보았다.

그런데 모든 자녀에게 골고루 나누어주던 재산을 별안간 장남에게 단독 승계하자니 딸들과 차자(次子)의 반발이 적지 않았을 것이다. 그래서 내세운 명분이 '장남은 제사를 주관하니 그에 상응하는 경제적 기반을 마련해주어야 한다'였고, 당시 문헌에는 이런 기록이 자주 눈에 띈다. 현종 10년(1669)에 작성된 부안 김씨의 『분재기(分財記)』 서문에는 "정리상으로는 아들딸의 차이가 없으나, 생전에 부모를 봉양하는 도리도 못하고 사후에는 제사도 지내지 않는데 어찌 재산만은 동등하게 줄 수 있겠는가. 딸에게는 재산의 3분의 1 정도만 주면 정리상으로나 의리상으로나 합당할 것"이라 쓰여 있다.

요즘은 제사를 장남이 단독으로 지내고 있지만 조선 중기만 해도 모든 자녀가 서로 돌아가며 지내는 윤행봉사(輪行奉祀)가 일반적이었다. 이번에 할아버지 제사를 큰아들 집에서 지냈으면 다음 할머니 제사는 큰딸 집에서 지내고 그다음 아버지 제사는 둘째딸 집에서 지내는 식이었다. 이러다 보니 같은 할아버지 제사라도 한 해는 큰아들 집에서 다음 해는 막내딸 집에서 지내는 경우도 많았다. 제사를 마치 당번제로 지내는 듯한 이 풍습은 낯설어 보이기도 하지만, 기실 이 제도가 더 익숙하고 오랜 방법이었다. 그러나 17세기 이후 사위와 외손은 제사를 빠뜨리는 경우가 많고 또한 정성이 부족하여 지내지 않은 것만 못하니 제사를 윤행시키지 말라 하며 딸을 제사에서 배제하면서 동시에 재산 상속에서도 차별 대우가 시작된다.

부모 봉양과 제사를 아들딸이 차별 없이 하면서 재산 역시 골고루 나누는 균분상속과, 봉양과 제사를 장남이 전담하면서 재산 또한 다른 자녀보다 많이 받는 차등상속은 어느 것이 옳고 그르다고 할 수 없을 만큼 모두 합리적이고 정당한 제도이다. 그럼에도 불구하고 균분상속이 장남 단독상속으로 바뀌게 된 데에는 경제적 이유가 가장 컸다. 지금까지 학자들은 중국식 주자가례의 도입에 따른 종법제의 확산으로 그 이유를 설명해왔다. 그러나 주자는 12세기 송나라에 살았던 사람이고, 우리나라에 주자가례가 들어온 것은 고려 말인 13세기였다. 시간적으로 본다면 주자가례는 조선 초기인 14~15세기에 유행했어야 하지만 이로부터 300년이라는 오랜 시간이 지난 후에야 새삼 확산된 것인데, 이에 대해서는 제대로 설명을 하지 못한다. 물론 풍습이란 것이 쉽게 바뀌는 것이 아니어서 정착하기까지 오랜 시간이 걸린다는 것도 감안해야 하겠다. 그러나 좀 더 정확히 말하자면 주자가례가 정착되면서 균분상속이 장남 단독상속으로 변화한 것이 아니라 토지를 세습하기 위해 장남 단독상속제가 절실해졌고 그에 합당한 명분을 마련하기 위해 주자가례를 원용한 것이라 볼 수 있다.

물론 여기에는 토지상속이라는 경제적 이유만 있었던 것은 아니다. 조선 중기 이후 양반계층에서는 내부 경쟁이 점차 치열해지기 시작했다. 조선의 관직 수는 제한되어 있었고, 4대를 통틀어 과거급제자를 한 명도 내지 못하면 그 신분이 양인으로 전락하여 군역을 비롯한 각종 역부담을 져야 했다. 아무리 미관말직이라도 관직을 차지해야 양반 행세를 할 수 있었다. 그래서 장남에게 많은 재산을 물려주어 공부에만 전념할 수 있도록 해야 했으며, 이후 장남이 관직에 나가면 동생들에게 음으로 양으로 보상을 해주어야 하는 것이 조선 사회였다. 이는 얼마 전까지만 해도 큰아들의 대학 공부를 위해 누이는 공장에 나가고 작은아들은 부모를 도와 농사를 짓는 모습으로 재현되기도 했다.

여러 명의 자녀에게 골고루 나누어주던 재산을 장남에게 모두 물려주면서 부모의 재산은 더 이상 분할되지 않게 되었다. 장남과 장손은 많은 재산과 그로 인해 지식과 문화적 소양을 습득할 수 있게 됨으로써 경제적으로나 문화적으로나 우위를 차지하게 된다.

노비는 양인이 되고, 양인은 양반이 되고

토지와 사람, 농업사회를 지탱하는 두 가지 축 중에서 토지는 이미 심각한 부족 사태를 겪기 시작했고, 사람 역시 과거와 달라졌다. 조선 초기에는 솔거노비를 부려 농사를 직접 지었지만 점차 외거노비를 통한 신공 납부가 증가하면서 외거노비의 성격도 변하게 된다. 이들은 1년에 남자는 베 2필, 여자는 1필 반의 신공만 납부하면 되는, 인신구속은 전혀 없이 경제적 예속만이 있는 관계였고 재산 축적도 가능했다. 이에 노비들은 점차 신분제의 모순을 의식하면서 도망을 가거나 혹은 더 적극적인 저항이라 할 수 있는 납공 거부를 하기도 했다. 외거노비들은 일정한 장소에서 친족집단을 이루어 생활하는 경우가 많았는데, 이들은 신공을 내지 않고 있다가 참다 못한 주인이 받으러 오면 모욕을 주거나 폭행을 했으며 심지어는 살해하는 경우까지 있었다. 신공을 받으러 갔다가 도리어 폭행을 당하는 일은 조선 후기 소설에 흔히 등장할 만큼 사회문제가 되고 있었고, 이러다 보니 주인은 아예 신공을 포기하기도 했다.

신분제를 넘보는 것은 양인도 마찬가지였다. 이들은 주로 벼슬을 사거나 족보를 매입하여 양반의 반열에 끼기 시작했으며, 이로 인해 조선 후기 양반의 수가 급격히 늘어났다. 숙종 16년(1690)에는 전체 인구 중 6.7%를 차지하던 양반이 정조 7년(1783)에 이르면 30%를 차지하고, 철종 9년(1858)이 되면 44.6%, 고종조에 이르러서는 90%가 되었다. 그 때문인지 양반이라는 말 또한 "주인 양반 계시오?" 하는 일반 호칭이나 "정신 차려, 이 양반아" 하는 비하적인 의미로 쓰이기도 했다. 해서 흥선대원군은 양반에게도 군역을 지우고 세금을 부과하고자 했는데, 세금과 군역을 부담한다면 양반은 더 이상 특권계층이 아니게 된다.

노비가 양인이 되고 양인이 양반이 되자 서얼 또한 가만있지 않았다. 이들은 아버지가 양반임에도 사회구조상 출세의 길이 막혀 있어 주로 기술직이나 아전과 같은 지방 향리직에 종사하면서 독특한 중인 문화를 형성했다.

우리가 알고 있는 아전이란 사또 옆에 붙어 서서 아부를 하는 사극 속의 우스꽝스러운 모습이 전부이지만, 실제 중인들 사이에서는 아전이 되기 위한 경쟁이 치열했다. 중앙에서 파견된 수령은 지방 실정에 어두웠기 때문에 실권은 아전, 그중에서도 이방이 쥐고 있었다. 그런데 조선 후기 중인들 중에는 자식에게 아전 대신 중앙 관료가 되기 위한 과거 공부를 시키는 사람이 생겼으며, 벼슬 대신 아예 공부만 하며 선비를 자처하는 이도 나타났다. 벼슬을 위해서든 자기 수양을 위해서든 공부에 전념하자면 경제적 여유가 있어야 하므로, 중인들의 경제 성장과 의식 성장의 한 단면을 보여주는 예라 하겠다.

또한 정조는 규장각을 설치하여 서얼 중에서 많은 인재를 등용했다. 이 시기 '위항문학(委巷文學)'이라 하여 중인들의 문집 간행이 유행했던 것도 이런 사회 분위기를 반영한다 하겠다.

조선 후기는 상인계층이 성장하여 '사상도고(私商都賈)'라는 신흥 자본가 계층이 형성된 때이기도 했다. 그전까지는 땅이 있어 농사를 지어야만 먹을 것이 나오는 줄 알았는데, 이제는 땅 한 평 없이 장사만으로 돈을 버는 사람이 생긴 것이다. 그뿐만이 아니었다. 부농계층도 무시할 수 없을 정도로 성장하여 기존 양반가의 위상을 넘보고 있었다. 높다란 솟을대문에 사랑채는 양반가보다 더 화려했다.

조선 후기에 들어와 신분제가 급격히 흔들리면서 아래에서 위로 계속 치받아 올라오는 계층변동이 나타났다. 그러자 그 정점에 서 있던 양반 내부에서의 경쟁과 갈등이 더욱 심화되었으며 이것은 때로 당쟁으로 표출되기도 했다. 조선 후기에 두드러지기 시작한 당쟁은 한정되어 있는 관료의 자리를 놓고 벌인 일종의 자리다툼이라 볼 수 있다. 최선은 당쟁에서 승리하는 것이었지만 때로 패배할 수도 있었으며, 그 첫 번째 관문인 과거시험에서 떨어질 수도 있었다. 이럴 때를 대비해 무언가 든든한 세력기반이 있어야 했다. 흔들리는 신분제와 심화되는 양반 사회 내부에서의 갈등, 그래서 더욱 절실해지는 경제적 기반, 최고 정점에 서 있던 양반들은 위기의식을 크게 느낄 수밖에 없었고, 이런 상황에서 그들이 선택한 방법은 은신처로 숨어들어 그들만의 소왕국을 건설하는 것이었다. 이 소왕국이 바로 씨족마을이었다.

그들만의 소왕국, 씨족마을의 폐쇄성

중국의 전통적인 가족 개념이 오세동락임은 앞서도 언급한 바 있는데, 씨족마을은 이 개념이 일가에서 마을 단위로 확대된 것이라 볼 수 있다. 차남이 결혼했을 때 중국에서는 일가 안에 마련된 당(堂)에서 생활하지만, 씨족마을에서는 한 마을 안에 마련된 별도의 집에서 거주한다. 중국에서는 손자나 증손자가 결혼을 해도 모두 일가에서 함께 살지만, 우리나라는 한 마을에서 거주하게 된다. 이렇듯 씨족마을은 일가의 물리적 크기가 마을 단위로 확대된 것이라 볼 수 있으며, 이를 효율적으로 운영하기 위해서라도 중국식 가정 규범인 주자가례가 먼저 도입되어야 했다. 씨족마을과 종가는 토지 부족에 따른 경제적 이유, 신분제의 동요, 기존 양반계층에서의 경쟁 심화 등이 맞물린 결과물로서 조선 중기 이후 특히 임진왜란 이후에 창설된 것이 대부분이며, 이는 여러 선행 연구에서 이미 밝혀진 바 있다.

　　씨족마을의 입지는 매우 폐쇄적이어서 대개 산이나 물 같은 천혜의 자연환경으로 둘러싸인 곳에 자리 잡는다. 풍수지리에 문외한인 사람이라도 "배산임수의 형국에 양옆으로 좌청룡, 우백호가 있고 저 멀리로는 안산(案山)이 있어 그 정기를 받을 수 있다면 명당이라 할 만하다"라는 말을 더러 들어

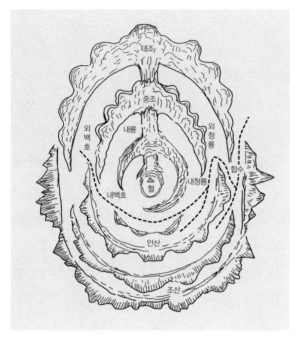

풍수 개념도 | 인간 생활과 자연 현상이 매우 유기적으로 연관되어 있다고 본 풍수지리는 물과 바람을 피해 땅 속으로 흐르는 기가 흩어지지 않는 지형에 집을 지으면 복이 온다고 여겼다. 때문에 배산임수의 형국에 양옆으로 좌청룡, 우백호가 있고 저 멀리로는 안산이 있어 그 정기를 받을 수 있는 곳을 명당이라 보았다.

보았을 것이다. 뒤에 산이 있고 좌우에도 산이 있으며 바로 앞에는 물이 흐르면서 조금 멀리 또 산이 있는 형상인데, 이렇게 산으로 온통 둘러싸인 곳을 혈(穴)이라 하여 명당으로 여긴다. 또는 마을 주변을 강물이 감싸고 도는 지형도 매우 선호해서 연화부수형(蓮花浮水形, 물 위에 떠 있는 연꽃)이나 행주형(行舟

形, 물 위에 떠 있는 배)도 길지로 여긴다.

　　산이나 물로 둘러싸인 마을은 외부의 침입으로부터 방비가 쉽다는 특징이 있기 때문에 현존하는 씨족마을은 대부분 산이나 물에 겹겹이 둘러싸여 있다. 대표적인 예로 안동 권씨의 씨족마을인 닭실마을(경북 봉화군 봉화읍)은 태백산맥과 소백산맥 사이에 있으면서 특히 선달산, 문수산 등 해발 1,000m가 넘는 산들로 둘러싸인 분지이다. 또한 풍산 류씨의 씨족마을인 하회마을도 하회(河回)라는 이름답게 마을 주변을 하천이 감싸고 돌아 일명 물돌이마을이라고도 한다.

　　『택리지』의 저자 이중환은 "높은 산이나 그늘진 언덕이나 거꾸로 흘러 들어오는 물이 힘있게 마을 터를 막아주면 좋은 곳이다. 막는 것은 한 겹이라도 좋으나 세 겹, 다섯 겹이면 더욱 좋다. 이런 곳이라야 온전하게 오래 세대를 이어나갈 터가 된다"라고 하여, 산과 물로 막힌 곳, 그것도 겹겹이 막힌 곳을 좋은 곳으로 여기고 있다. 나아가 그는 양반 선비가 살 만한 이상적인 장소로 토계마을(경북 안동시 도산면, 진성 이씨 집성촌), 하회마을, 내앞마을(경북 안동시 임하면, 의성 김씨 집성촌), 닭실마을을 꼽았다. 또한 현대의 풍수가들이 꼽은 4대 길지 또한 양동마을(경북 경주시 강동면, 월성 손씨 집성촌), 하회마을, 내앞마을, 닭실마을 등으로, 양동마을과 토계마을을 제외한 세 군데가 겹치고 있다. 이런

안동 하회마을 | 풍수가들이 꼽은 4대 길지 중 하나인 하회마을은 하천이 마을을 휘감아 도는 모습 때문에 '물 돌이동'이라고도 불리는데, 풍수지리상 태극형 연화부수형에 해당하는 길지라 한다. ⓒ 김성철

마을은 모두 산과 물이 겹치는 곳이다. 특히 경북 지역이라는 공통점이 있는데, 기실 우리나라에서 유명한 씨족마을이거나 종가, 서원을 비롯한 건축물이 풍부한 곳의 8할 이상이 경북 지역이다.

우리나라에는 예로부터 "서울은 옷치레, 전라도는 음식치레, 경상도는 집치레"라는 말이 전한다. 이는 전라도 지방이 곡창지대와 해안지대가 겹치는 곳이라 식재료가 풍부하여 발효음식을 비롯한 다채로운 음식문화가 발달했으며, 서울은 위로는 궁중 의상에서 아래로는 기생과 한량의 옷차림까지 화려하고도 다양한 의상문화가 발달했음을 일컫는다. 한편 경상도, 그중에서도 경북 지방에는 사찰과 서원, 종가를 비롯해 고건축이 많은 것으로 유명하다. 경북 지방이 이렇게 된 데는 영남 선비들의 독특한 학풍도 한몫을 했지만 소백산맥과 태백산맥으로 둘러싸인 천험의 지형이라 임진왜란이나 병자호란, 한국전쟁에서 무사할 수 있었던 까닭도 있다. 종가를 지키는 이들은 대개 그 이유를 조상이 돌보아주었기 때문이라고 말하지만 실은 지리적 이유 때문이다.

답사를 위해 씨족마을들을 찾아갈 때면 연신 지도에 돋보기를 대어보고 있으면서도 번번이 놓치고 지나갈 정도로 찾기 어려운 곳이 많다. 당연히 전쟁의 포화를 피할 수 있었을 것이며, 그래서 지금도 지방문화재로 지정되어 지속적인 보호를 받고 있는 것이다. 과연 산과 물로 겹겹이 막힌 곳이라야 온전하게 오래 세대를 이어나갈 수 있다는 이중환의 식견이 새삼 돋보인다. 그리고 마을 안에는 세심한 질서에 따라 집들이 배치되어 있다.

'동네북'을 치는 씨족마을

우리 조상들이 예로부터 선호한 마을 형태는 입구는 좁고 길면서 안쪽으로 들어갈수록 점차 넓어지는, 그러면서 주위는 완만한 산으로 둘러싸인 형태이다. 이때 입구에서 뒤쪽에 이르기까지 섬세한 위계에 따라 시설과 주택을 배치하는데, 우선 마을 입구에는 도당나무라 불리는 큰 나무를 심고 그 앞에 정자나 평상을 둔다. 그러면 자연스레 마을 노인들이 모여 앉아 장기판과 이야기판을 벌이게 되는데, 동시에 마을에 누가 드나드는지를 감시하는 역할도 한다. 특히 노인들은 그 마을에서 오래 살았기 때문에 마을에 들어선 낯선 사람이 처음 보는 뜨내기인지 10여 년 전에 마을을 떠났다가 다시 돌아온 그 누구인지도 쉽게 알 수 있다.

그리고 정말로 낯선 사람이 들어왔을 때는 큰 소리로 위험을 알려야 하고 또 재빨리 달려올 사람들도 있어야 하기 때문에 마을의 앞쪽에는 솔거노비나 소작농들의 집이 자리 잡고 있다. 그리고 그 뒤편으로 타성바지들의 집이 위치한다. 씨족마을이라 해도 모두 일가붙이는 아니어서 더러 타성바지들이 존재하는데, 이는 처가살이를 했던 이들의 후손이다. 조선은 중기까지만 해도 처가살이가 일반적이어서 여성은 결혼 후에도 계속 친정에 머물며 아이를 낳았고 그 아이가 장성했을 즈음에 시집으로 들어가는 것이 보통이었다. 그중 여러 가지 이유로 처가에 계속 머무는 사람들이 있어 타성바지들이 생겨났다.

타성바지들의 집 뒤편으로는 마을의 주인이라 할 수 있는 본성바지들의 집이 있고, 그 핵심인 종가는 마을의 가장 뒤편에 놓인다. 전통 건축에서는 뒤편으로 갈수록 건물의 위계가 높아짐을 앞서 언급했는데, 씨족마을도 도당나무와 정자→노비들의 집→타성바지의 집→본성바지의 집→종가의 순으로 그 위계가 점차 높아지는 질서정연한 구성임을 알 수 있다. 그리고 가장 뒤편에는 선산이 있어 몇 대조 할아버지의 무덤들이 역시 위에서부터 순차적으로 배열되어 있다.

한편 사환노비들의 집인 가랍집과 호지집은 본성바지와 종가의 주변에 위치한다. 대개 노비는 주인집의 행랑에 살았지만, 별도의 집에 따로 거주했던 이유는 결혼을 하여 가정을 이룬 경우로, 유사시에는 주인이 주변의 가랍집으로 달려가 몸을 피하기 위한 목적도 있었다. 가랍집은 주인집을 향해 해바라기처럼 배치되어 있어 북향이나 서향처럼 전통적으로 기피했던 좌향도 흔했다. 여름의 잔양이 깊숙이 드는 서향집과 겨울의 찬바람이 들이치는 북향집은 주거 환경이 열악했지만 주인의 입장에서는 크게 문제될 바가 아니었고, 오히려 이들의 관심사는 재실이나 서당, 마을 정자의 설치와 같은 문중 사업이었다.

　　유명한 씨족마을에 가면 일반 살림집 외에 재사(齋舍, 제사 때 문중 사람이 묵는 방, 제사 음식을 준비하는 부엌, 하인이 머무는 행랑채 등을 통합한 건물로 재실이라고도 한다), 서당, 정자 등의 시설이 많은 것을 볼 수 있다. 특히 '○○정'이나 '○○루' 등의 정자가 많은데, 평소에는 서당으로 쓰이는 건물이거나 또는 서당과 재사가 결합돼 있는 경우도 많다. 서당과 재사의 결합은 19세기 이후에 두드러진 현상이다. 재실은 행사 때에만 간헐적으로 사용되지만 서당은 매일 사용되기 때문에 둘을 합쳐서 공간의 효용성을 높인 예라 할 수 있다. 평소에는 서당으로 이용하다가 제사 때는 서당을 쉬게 되는데, 이때 씨족마을의 아이들은 책에서 배웠던 충과 효의 규범들이 실제로 구현됨을 직접 보고 배우게 된다. 이렇듯 서당과 정자, 재실 등은 그 지역 문화의 중심적인 역할을 했다.

학문 연마나 저술 활동은 그 자체로는 생산적인 일이 아니라서 자본에 기생할 수밖에 없으며, 음악이나 미술 같은 문화 창작 활동 또한 그러하다. 프랑스의 살롱이 가난한 예술인을 후원하는 역할을 했던 것처럼 종가의 사랑과 정자, 서당도 문화를 후원하는 역할을 했는데, 이는 부유층의 전형적인 소비 형태이다. 일반적으로 단시간에 갑자기 부자가 된 신흥 부유층은 의식주에 화려하고 사치스러운 과시적 소비를 하여 자신의 부를 직접적으로 알리는 반면, 본디부터 재산을 축적하고 있었던 전통 부유층은 자신이 속한 공동체나 주변인들을 위한 자선 사업을 함으로써 명망을 얻고 나아가 그 부의 정당성과 영속성을 꾀하려 한다. 신흥 부유층인 부농계층이 주택에 과도한 치장을 하고 사대부가의 전유물이었던 사랑채를 몇 채씩이나 두는 것으로 부를 과시했다면, 전통 부유층에 속하는 씨족마을의 종가는 서당과 재실, 정자 등 공동시설을 건립하여 문화사업에 치중했다. 그리고 이는 궁극적으로 그 향촌 내에서의 대민 지배력을 높여주었다.

사람은 언제나 자기 주변의 환경을 통어하고 지배하려 한다. 쉬운 예로 우리가 여름에 바닷가에 놀러가서 제일 먼저 하는 일은 모래사장 위에 비치타월을 깔고 그 위에 파라솔을 설치하여 모래사장의 일부를 점유하는 것이다. 누군가가 자신의 파라솔 안으로 들어온다면 "이곳은 내 자리이니 다른 곳에 가시오"라는 말을 할 만큼 공간에 대한 소유욕과 지배욕은 강력하고 우선적이다. 선글라스를 쓰고 앉아 지나가는 여자를 훔쳐보는 일도 공간을 점유하고 난 다음에야 가능하기 때문이다.

그런데 자신의 주변을 통어하는 방법은 시대와 환경에 따라 항상 달랐다. 가장 원시적인 방법은 무력을 통한 지배였다. 신석기와 청동기시대에 무사계급은 주변 마을을 무력으로 정복하고 전리품을 나누어 가졌다. 초기 국가 시절까지도 그런 일은 더러 자행되었지만 이후 이것은 자본에 대한 지배로 바뀌게 된다. 사실 무력 정복을 통해 너무 넓은 땅을 차지하고 나면 그 땅을 일일이 통제할 수 없게 된다. 해서 일정 정도씩 신하들에게 떼어준 다음 "그곳의 생산물은 모두 네가 갖고 네가 대장 노릇을 해라. 그래도 너는 나의 신하이므로 매년 문안을 오고 세금을 내라"고 하게 되니, 이 제도가 바로 동서양의 중세 국가에서 널리 채택된 봉건제이다. 그 후 시대가 흘러 중앙에서 대민 지배력이 더욱 높아지면, 전국을 일정한 단위(주, 군, 현)로 세분하고 중앙에서 파견한 관리를 두어 다스리도록 하니, 이것이 군현제이다. 우리는 지금 봉건제니 봉건주의니 하는 말을 '고리타분하고 잘못된 구습', 다시 말해 근대나 현대의 반대말로 생각해서 "조선의 봉건제도를 타파하고……"라는 말도 하지만, 본디 봉건제는 군현제에 반대되는 정치제도 혹은 경제 개념이다. 무엇보다 조선은 봉건제가 아닌 중앙집권에 의한 군현제 국가였다.

　　이런 사회에서는 그 지방의 토호세력들이 대민 지배력을 크게 높일 수가 없게 된다. 고려시대만 해도 지방 호족과 향리의 위상이 매우 높았지만 조선시대에 들어와서는 그것이 더 이상 통하지 않았다. 물론 조선의 양반들도 어느 정도의 경제 기반을 가지고 있었으나 고려의 호족에 비하면 최소한의 품위 유지 비용 정도였다. 이런 상황에서 조선의 향반들은 문화를 통한 지배로 눈을 돌릴 수밖에 없었다.

　　조선시대의 사회규범은 유교문화에 기반하고 있었다. 효자, 열녀, 충신이 많이 나올수록 그 가문의 명성은 높아졌고 아울러 그 마을의 위상도 함께 높아졌다. 효자와 열녀를 기리는 홍살문은 집 앞이 아닌 마을 입구에 세워져 마을 사람 모두의 영광이 되었으며, 그렇기 때문에 마을 사람들은 홍살문이 세워진 문중의 사람에게는 항상 머리를 숙여야 했다. 또는 자본에 의한 지배를 지속적으로 실시하는 곳도 있었다. 큰 흉년이 들었을 때 집 앞에 가마솥을 걸어놓고 죽을 쑤어 나누어주는 일을 몇 년 동안 계속하다 보면 평상시에도 그 집 사람들에게는 머리를 조아리게 된다. 그러나 이렇게 우아하고 자비로운 문화지배, 자본지배는 언제든 가장 원시적이고 폭력적인 무력지배로 돌변할 수 있다는 점에서 위험하다.

1920년 5월 강원도 통천군에서 스물다섯 살 난 총각이 등에 진 북을 치면서 마을을 돌고 있었다. 이 총각은 마을에서 수절하는 과부와 불륜을 저지르다 발각되었는데, 상대가 한 명이 아닌 세 명이나 되어 온 마을이 벌컥 뒤집혔다. 총각은 세 과부의 시아버지들에게 붙잡혀 끌려갔는데 그 장소가 경찰서가 아닌 마을 촌로의 집이었고, 형벌 또한 등에 북을 지고 치면서 마을을 돌게 하는 사형(私刑)을 받았다. 북소리를 들은 마을 사람들은 모두 나와 그 총각을 마구 때리니, 이를 '동네매' 또는 '동네북'이라 했다. 요즘 '동네북'이라는 말을 '만만해서 아무나 건드려도 되는 사람' 정도로 쉽게 쓰고 있지만, 본디는 불륜이나 패륜 등 윤리적 범죄를 저지른 자에 대한 치죄 형태로, 매우 심한 욕설이다.

여성도 마찬가지였다. 대개 코뚜레에 꿰어져 마을을 한 바퀴 돌며 온갖 모욕을 당하는데, 이때 그 죄를 응징하는 사람은 지방 수령이 아닌 마을 주민이며, 이 모든 일을 묵인하거나 넌지시 지시하는 이가 바로 종가였다. 때로 중앙에서 파견된 수령도 그 앞에서는 무력해지곤 했다. 1808년 전라도 어느 섬에서 일어난 살인사건을 다룬 영화 〈혈의 누〉와, 1960~70년대 가족계획운동을 둘러싼 에피소드를 그린 영화 〈잘 살아보세〉에서도 중앙 정부(실은 중앙 정부에서 파견된 사람)와 지방 유지 간의 미묘한 힘겨루기를 엿볼 수 있다. 법

〈동네매〉 │ 전통사회에서는 법보다 마을의 사회규범이 우선적으로 적용된 예가 많았다. 마을에서 불륜이나 패륜 등 윤리적 범죄를 저지른 자를 치죄하는 형태로 '동네매' 또는 '동네북'이 있는데 이는 죄를 저지른 자가 북을 지고 치고 다니면서 마을을 도는 일종의 사형(私刑)이었다. 《기산풍속도첩》, 김준근, 함부르크 민속박물관 소장.

치국가에서는 있을 수 없는 사형이 묵인 자행되며 그 거대한 힘 앞에서는 왕명의 대리자라 할 수 있는 지방 수령도 미약해지는 곳, 문화지배가 때로 무서운 폭력으로 돌변할 수 있는 곳, 이것이 씨족마을이 가진 또 다른 모습이다.

아파트에 재현된 씨족마을

마을 입구에는 도당나무 아래 쉼터가 있어 자연스런 감시체제가 발동하고, 가난한 노비의 집과 부유한 주인의 집이 별다른 마찰 없이 한 울타리 안에 공존하며, 마을 공동의 정자와 재실, 서당이 있는 씨족마을의 구성은 현대의 건축가들에게 매우 이상적으로 다가온다. 해서 아파트 단지 계획을 세울 때 전통 마을에서 쓰인 수법들을 도입하는 예가 1990년대 이후 꾸준히 있어왔다. 마을 입구에 장승과 도당나무를 두는 것처럼, 아파트 입구에 'ㅇㅇ마을 ㅇㅇ아파트'라고 쓰인 커다란 돌을 갖다놓고 그 옆에 나무 몇 그루와 정자를 세우거나 주차 단속을 하는 수위실을 함께 두기도 한다. 씨족마을에서 보이는 폐쇄성을 그대로 답습하는 것인데, 아파트 단지의 출입구에 수위가 지키고 앉아 주차 단속을 하는 것은 보안과 단지의 안전 추구 때문이니 어쩔 수 없다고 해도, 문제는 고급 아파트 단지가 가진 교묘한 은닉성이다.

씨족마을 일명 양반마을이라고 불리는 곳을 찾아갈 때마다 길 찾기가 어려워 고생을 하는 것처럼, 고급 아파트 단지도 여간해서는 눈에 잘 띄지 않는다. 고급 아파트라고 하면 1980년대의 압구정동 H아파트 혹은 2000년대 초에 지어진 ○○팰리스 같은 초고층 주상복합 아파트를 생각하지만, 그 정도의 주택들은 보통 수준에 지나지 않는다. 오히려 유명세를 타지 않는 고급 주택들이 더 많이 있다. 대개 5~6층 정도의 저층에 소규모 단지로 이루어져 있고 외진 곳에 있어 일반인의 눈에 잘 띄지 않는 것이 특징이다. H아파트와 ○○팰리스가 주목을 받았던 이유는 그것이 워낙 길가에 있고 또 건물이 너무 높아 어디서나 눈에 잘 띄었기 때문으로, 매우 예외적인 경우에 속한다. 시내 곳곳에는 그보다 훨씬 더 고급스러운 주거단지들이 많이 있지만 여간해서는 눈의 띄지 않는다는 것이 씨족마을과의 공통점이다.

또한 씨족마을의 앞부분에 노비들의 집이 있고 그 다음으로 타성바지, 본성바지들의 집이 있었던 것과 같이, 한 아파트 단지 내에서도 각 세대는 평형에 따라 세심하게 배치된다. 132~165m²(40~50평) 크기의 중대형 아파트는 단지 내에서 향(向)과 전망이 가장 좋은 곳에 위치하며, 그 다음 좋은 곳에 99m²(30평)와 66m²(20평) 정도 크기의 아파트가 차례로 자리를 잡는다. 그리고 요즘은 단지 안에 임대아파트를 두도록 되어 있는데, 이런 임대아파트들은 가장 구석진 곳이나 향과 전망이 좋지 않은 곳에 위치하는 것이 보통이다.

때로는 건물의 형태 자체가 분양아파트와 달라 한눈에 임대아파트임을 알아볼 수 있게 해놓은 곳도 있다. 그뿐만 아니라 임대아파트를 위한 출입구를 따로 만들어놓는다거나 단지 가운데 바리케이드를 쳐서 임대아파트와 분양아파트를 분리하는 곳도 있으며, 부녀회나 자치회에 임대아파트 거주자를 배제시키는 경우도 흔하다.

　그러나 무엇보다 문제가 되는 것은 아파트 단지에서 보이는 왜곡된 권력 구조이다. 현재 아파트는 점차 대단지화되고 있어 1천 세대, 2천 세대를 웃도는 것이 예사인데, 여기서 거두는 관리비를 집행하는 곳이 주민자치회이다. 세대수가 많은 만큼 관리비 또한 억대를 넘는 것이 보통이어서 자칫 부정의 소지가 크다. 특히 주민자치회의 회장은 특별한 자격 조건 없이 투표를 통해 선출되는데, 당선된 후에는 구청이나 동사무소의 별다른 지도나 통제 없이 자치회의 권력을 행사하게 된다. 이것이 때로 잘못된 방향으로 나갈 수도 있는데, 대표적인 예가 아파트값 담합이다.

　아파트값 담합은 정부에서 실시되고 있는 부동산값 안정대책에 반하는 일이자 무엇보다 그 아파트에서 함께 살고 있는 세입자들을 외면하는 일이어서, 대부분 자치회 차원이 아닌 부녀회를 중심으로 추진되고 있다. 그뿐 아니라 집값을 올리기 위한 이른바 '우리 아파트 제값받기 운동'이라는 명분

아래 이불을 베란다에 널지 말라거나 에어컨 실외기를 외부에 설치하지 말라는 등의 세세한 생활지침까지 전달되고 있는 상황이다. 이런 사항을 위반하거나 담합한 가격보다 낮은 가격으로 아파트를 매매했을 경우에 가해지는 응징이란 과거 씨족마을에서 행해지던 동네북이나 코뚜레 사형에 못지않다.

"우리 마을은 열녀를 배출한 곳이니 모든 부녀는 행동에 각별히 조신하라"는 암묵적 내규는 "우리 아파트는 고급 아파트이니 모든 세대는 그에 걸맞게 처신하여 아파트의 품위와 가격을 떨어뜨리지 않도록 하라"는 부녀회의 지침과 별반 다르지 않다. 나아가 수령의 권력도 미치지 못하는 씨족마을 내의 사형은 기실 그 마을의 종가가 넌지시 지시한 것이듯, 부녀회의 아파트값 담합도 자치회의 묵인 아래 이루어지고 있는 실정이다.

아파트에 사는 주민들이 쉽게 단결하는 이유는 그 집단의 동질성 때문이다. 현대 사회는 가문이나 혈통, 세습되는 특정 직업이 아닌 오로지 개인의 경제 능력에 따라 사회적 지위가 결정되며, 어느 동네 무슨 아파트에 사는가는 그의 경제적·사회적 지위를 가장 간단하게 설명해준다. 같은 아파트 단지에 사는 사람은 모두 비슷한 사회적 지위의 사람이기 때문에 이해관계 또한 동일하다. 그래서 이를 해소하기 위해 소셜믹스(social mix)를 제안하기도 하지만, 결코 쉽지만은 않다.

소셜믹스란 서로 다른 사회 계층의 주거를 혼합해놓아서 마을 집단이 균질해지지 않도록 하는 것을 말한다. 이를테면 어느 아파트 단지는 전체 세대를 79m²(24평)의 소형으로, 또 다른 아파트 단지는 165m²(50평) 이상의 대형 아파트로만 계획하면, 이 단지는 빈촌, 저 단지는 부촌으로 극명해지며 그 내부 집단은 매우 강한 결속력을 보인다. 그러나 반대로 한 아파트 단지에 60m²(18평)짜리 임대아파트에서부터 79m²(24평), 109m²(33평), 145m²(44평), 185m²(56평) 등 여러 크기의 아파트를 골고루 섞어서 배치하면 그 아파트 단지의 전체 성격은 모호해지지만 서로의 입장이 많이 다르기 때문에 그만큼 강하게 결속되지 않는다. 그래서 집단이기주의를 해소하기 위한 방법으로 제안되는 것이 소셜믹스이지만, 말처럼 쉽지 않고 오히려 더욱 깊은 갈등의 골이 생기곤 한다.

조선은 가문을 따졌던 사회였기 때문에 씨족마을이 있었다면, 현재는 자본을 따지는 사회이므로 그것이 아파트 단지로 대체되었다고 볼 수 있다. 그런데 그 자본이라는 것은 단순히 경제자본만이 아니어서, 현대 사회를 구성하는 또 다른 자본의 축으로 학력자본이 있다. '학벌사회'라는 말을 지금도 쉽게 들을 수 있고, 중고생들이 하루 온종일 학교와 학원 공부에 매달리는 이유도 이 학력자본을 얻기 위해서이다.

이 학벌자본가 계층이 마을을 구성하고 사는 대표적인 곳이 경기도 일원의 교통 좋고 환경 좋고 경치 좋은 곳 도처에 위치한 '교수마을'이다. 이곳은 대학 교수들이 모임을 만들어 교외에 공동으로 땅을 산 다음 별장을 지어놓고 사는 일종의 별장마을이라 할 수 있다. 그런가 하면 요즘에는 '박사마을'도 등장하고 있는데, 어느 마을에 박사학위 소지자가 유난히 많아서 붙여진 이름이라 한다. 박사와 교수는 학력자본의 최상위 계층이라 할 수 있으며, 그들의 이름을 딴 박사마을과 교수마을이 있다는 것은 학력사회의 또 다른 단면이라 할 수 있다. 과연 그들이 어떤 파벌을 형성하고 또 어떤 폐쇄성을 유지할 것인지는 좀 더 두고 봐야 할 일이다.

우물쭈물 하는 사이에

피지 못한 꽃, 지어지지 못한 집

07

피지 못한 꽃,
지어지지 못한 집

가가 허느쇼오, 가가 도로 지이쇼오

상것들과는 함부로 어울릴 수 없으니

육중한 대문 안에 아자살 용자살 창호를 달아

저것이 사람인가, 옛날이 그리워라

In the left, there is a blue dragon, in the right, there is a white tiger. And in the south, there is a red bird, in the north, a black tortoise.

　　'좌청룡 우백호 남주작 북현무'를 영어로 고쳐놓으니 문장도 어색하거니와 내용 또한 기괴하기 짝이 없었다. 그러나 문제는 그 다음이다. 음택과 양택, 기(氣)와 혈(穴)은 대체 무어라고 설명할 것인가?

　　학교를 갓 졸업하고서 인턴사원으로 근무할 당시, 이름만 대면 누구라도 알 만한 어느 회장님의 주택을 설계하는 팀에 투입된 적이 있었다. 미국 유학 경험이 있는 회장님과 사모님은 미국의 설계회사에 설계를 의뢰해놓고 그에 따른 의견 조율을 우리 회사에 맡겼다. 우리가 할 일은 미국에서 설계한 도면을 받아다가 한국 실정에 맞게 잔손질을 하는 것밖에는 없었지만 그 일이 그리 간단치 않았다. 회장님의 칠순 노모께서 풍수지리의 열렬한 신봉자였던 탓에 전국 유명 풍수가들의 조언을 들어가며 좌향을 보고 출입구를 내어야 했다. 그러나 미국의 건축가들은 풍수지리가 무엇인지, 어째서 주술사

(그들은 풍수가를 주술사라 불렀다)가 건축계획에 참여해야 하는지 도무지 이해하지 못했다. 하여 전통적인 풍수지리를 미국인에게 설명하는 일도 해야 했는데, 동양의 이 오묘한 철학을 영어로 설명한다는 것은 참으로 요령부득이었다.

풍수지리의 쇠퇴

> 사람마다 도적이요 원(怨)하나니 산소(山所)로다
>
> 천장(遷葬)이나 하여보며 이사나 하여볼까 (중략)
>
> 주제넘게 아는 체로 음양술수 탐호하여
>
> 당대발복 구산(求山)하기 피난 곳 찾아가며
>
> 올 적 갈 적 행로상에 처자식을 흩어놓고

조선 후기 불렸던 「우부가(愚夫歌)」의 일부이다. 먹고살기가 어렵다 보니 '터가 나빠서 그런가' 하는 생각이 절로 들고, 조상의 묘를 옮기고 자신도 이사나 해볼까 하는 신세한탄이다. 혼란했던 시기 가장 고통받는 이는 민중이었지만 그들이 할 수 있는 일이라곤 조상의 묏자리를 옮기는 일밖에는

226

없었다. 그러나 농사지을 땅 한 평이 없어 행로상에 처자식을 흩어놓고 사는 처지에 그마저도 쉽지 않다. 해서 남의 소유로 되어 있는 산이라도 명당이라는 소문이 들리면 조상의 묘를 쓰기도 했다. 혹은 권세 있는 사대부가의 선산은 분명 명당에 앉아서 그 후손이 지금 저렇게 발복(發福)을 하는 것이려니 하는 생각에, 남의 선산에 몰래 조상의 묘를 이장하는 일도 많았다. 이를 암장(暗葬) 또는 투장(偸葬)이라 한다. 나중에 땅 주인이 그 사실을 알더라도 난감한 것이 아무리 자기 땅이라도 당시의 정서상 남의 조상 묘를 함부로 파낼 수는 없는 일이었다. 다만 암장한 이에게 이장을 명할 뿐이지만 그 또한 나 몰라라 배짱을 부리기 일쑤여서 결국엔 관청에 탄원을 했다. 이렇듯 산소를 둘러싼 소송을 산송(山訟)이라 하며, 조선 후기 극심한 사회문제가 된다.

가세가 기울거나 집에 우환이 있으면 으레 풍수가를 불렀고, 이들 역시 그 좋은 기회를 놓칠 리 없었다. 개장(改葬)이 성행한 것은 당연지사였다. 더욱이 조상의 묘를 쓰고 나서 그곳이 발복할 땅인지 아닌지를 알아보려고 장례 후 1년 혹은 3년이 지나 매장했던 관을 다시 꺼내 확인하는 풍습도 성행했다. 뼈의 색이 누렇거나 불그레하면 좋은 땅으로 여겨 그 자리에 다시 묻지만, 청색이나 흑색으로 변했으면 흉할 징조니 이장을 해야 했다. 묻었던 관을 다시 파내서 보는 것도 괴이한 풍습이건대, 나중에는 최소한 세 번은 개장을 해야 조상에 대한 성의를 다했다고 보는 풍조까지 생겨났다.

　　이런 개장 풍속에 대한 북학파 학자들의 비판은 신랄했다. 부모의 묘를 좋은 곳에 쓰는 이유는 후손이 복을 받기 위함이다. 그렇다면 자신과 후손의 영달을 위해 개장을 하여 부모의 영면(永眠)을 방해하는 것이 과연 옳은가 하는 논리적 의문이 제기되었다. 북학파 학자들은 자신은 아무런 노력도 하지 않으면서 모든 것을 조상의 탓으로 돌리고 이미 백골이 된 부모의 뼈를 두고 길흉을 점치는 것은 그 심보가 고약하기 때문이라 보았다. 아울러 부모에게서 살과 피를 받은 것이 이미 큰 복이거늘 이제 더 큰 복을 받겠다고 살아 있는 자식이 죽은 부모의 묘를 파헤치는 것은 얼마나 불효막심한 일인가를 지적하고 있다.

> 무덤을 옮길 때, 무덤 속에 바닷물의 흔적이 있다느니, 곡식 껍질이 있다느니, 관이 뒤집혔다느니, 시신이 없어졌다느니 하여 이를 길흉화복의 전조라고 생각한다. 그러나 이런 일들은 땅 속에서는 흔히 생기는 일이며 길흉화복과는 아무 관계가 없다. (중략) 수장(水葬)·화장(火葬)·조장(鳥葬)·현장(懸葬, 시체를 높은 곳에 매달아놓는 장례법)을 하는 나라에도 사람이 살고 있고 임금과 신하도 있다. 사람의 수명이나 출세 여부, 흥망과 빈부의 차이 등은 모두 자연스러운 하늘의 이치이며 사람의 행동에 따른 각각의

결과이다. 무덤 자리가 좋은지 나쁜지로 따질 일이 아니다.

— 박제가 지음, 박정주 옮김, 『북학의』 중에서

　　조선 후기는 양반관료제에 내재되어 있던 모순이 점차 표면화되는 시
기였다. 종적으로는 4대 조상과 횡적으로는 8촌의 인척 중에서 누구 한 사람
이라도 미관말직을 차지하면 그 한 사람 덕에 8촌 인척이 모두 양반이라는
특권계층이 될 수 있었다. 그런 사회에서 조상의 묘를 좋은 곳에 써야 후손이
복을 받는다는 인식이 확대된 것은 당연하다 할 수 있으며, 소위 음양가와 풍
수가들은 이러한 심리를 교묘히 파고들어 돈을 벌었다. 이에 당대의 지식인
들은 풍수지리는 곧 미신이자 방술(方術)이니 엄금해야 한다는 주장을 한다.

　　사주쟁이는 모든 일을 사주팔자 탓이라 하고, 관상가는 관상 탓이라 한다. 무당들은
귀신 탓으로, 장사(葬師)는 장지 탓으로 돌린다. 방술이란 것이 모두 이와 다를 것이
없으니 과연 누구의 말을 따라야 하는가? 이로써 좌도(左道, 유교의 가르침에 어긋나는
모든 이단 종교)는 믿을 수 없다는 것을 알 수 있다. 학식이 있는 정치가라면 마땅히 풍
수에 관한 책들을 불사르고, 풍수하는 사람들을 금해야 한다. 또한 백성들이 인간의
길흉화복과 장례는 아무 관계도 없다는 것을 분명히 알도록 해야 한다. (중략) 풍수지

리설이 아무 근거가 없다는 것은 예나 지금이나 유명한 학자들이 이미 상세히 말한 것이다. (중략) 여기서는 또다시 말하지 않겠다.

— 박제가 지음, 박정주 옮김, 『북학의』 중에서

군이 실학자의 견해가 아니어도 음택론과 양택론(陽宅論)은 건축의 기본 정신인 공익 개념에도 어긋난다. 이른바 명당이라 불리는 곳에 집을 짓고 무덤을 쓰는 일은 개인이 그 공간을 점유하는 것이자 또한 전유하는 것이다. 좋은 땅에 집을 지음으로써 나와 내 가족이 아닌 다른 사람은 그 공간을 사용하지 못하게 만드는 것이며, 특히 무덤의 경우 그 배타적 독점권의 기간이 더욱 긴데, 건축적으로 보자면 매우 잘못된 행위이다.

인간이 아무리 훌륭하게 집을 짓는다 해도 그것은 자연을 훼손하는 행위이다. 따라서 진정 훌륭하고 좋은 땅은 집을 짓지 않고 비워둠으로써 자연 그대로 보존해야 하며, 대신 다소 못생기고 나쁜 땅에 집을 지음으로써 인위적으로나마 그 공간의 질을 향상시켜야 한다는 것은 대학의 건축학과에 입학한 신입생이 T자도 잡기 전에 먼저 배우는 내용이다. 이것이 바로 건축이 추구해야 할 기본 도덕이자 공익성인데, 풍수지리가 수입되기 전의 전통 건축에서 이러한 공익성이 적용된 예가 많았다.

일반적으로 목조 건축은 습기에 매우 취약해서 늪지에 집을 짓는 것을 가장 좋지 않은 것으로 여기며, 풍수지리적 해석에도 늪지는 흉한 곳이다. 그러나 감은사를 비롯한 신라의 대사찰들은 오히려 좋지 않다고 알려진 늪지를 골라 절을 지었고, 대신 지하에 숯을 매장하여 습기를 없애는 방안을 강구했다. 그래서 지금도 유명한 사찰의 터를 파보면 숯이 다량 묻혀 있는 것을 발견할 수 있으니, 이것이 바로 풍수지리라는 외래 사상이 수입되기 전 우리 조상이 추구했던 건축의 공익성이다. 그 밖에도 사찰들은 풍수지리적으로 터가 센 곳에 위치한 경우가 많은데, 이를 두고 '이렇게 기가 센 곳에 일반 가정집이 앉으면 나쁘지만 스님처럼 수양을 많이 한 사람들이 살면 오히려 그 기를 받아서 더욱 좋다'라는 애매한 해석을 내리기도 한다.

지방문화재로 지정된 전국의 종가와 고택을 답사한 기행문을 보면 대체로 이곳이 풍수지리적으로 얼마나 빼어난 명당이며 그 후손이 얼마나 많은 복을 받았는가 하는 이야기가 빠지지 않는다. 그러나 명당에 집을 지어야 후손이 복을 받는다는 이야기가 실은 조선 후기 변질된 풍수지리의 산물에 불과하며, 이미 당시에도 좌도이자 방술이므로 성리학자가 따라서는 아니 되고 나아가 풍수에 관한 책과 풍수하는 이들을 금지해야 한다는 주장이 나왔다는 것을 아는 사람은 별로 많지 않다.

조선 후기에는 양택론에 대한 비판도 일고 있었다. 집터를 구할 때는 풍수지리가 아닌 생리(生利)를 구해, 샘물이 달고 토지가 비옥하기만 하면 그 나머지 것들은 전혀 물을 필요가 없다는 입장이었다. 아울러 무조건 산수가 아름다운 곳에 집을 짓는 것에 대해서도 의문이 제기된다. 우리나라는 예로부터 빼어난 산수를 선호하여 초가삼간일망정 달 한 칸, 나 한 칸, 청풍 한 칸에 아름다운 강산을 주위에 둘러놓고 살았다고 생각하기 쉽지만, 이는 당시 지식인들에게 비판의 대상이었다.

산수가 좋은 곳은 생리가 박한 곳이 많다. 사람이 집을 버리고 지렁이처럼 흙을 먹고 살 수 없는 이상에는 산수의 아름다움만을 취하여 살 수는 없다. 그러니 차라리 비옥한 땅이 넓게 펼쳐지고 지리적 조건이 좋은 장소를 택하여 거처를 정한 다음에 10리나 2, 30리쯤 떨어진 곳에 따로 명산과 아름다운 내가 있는 땅을 매입한다. 그리하여 흥이 일어날 때는 때때로 그곳을 찾아가 노니는 것, 이것이 바로 오래도록 지속할 만한 방법이다.

— 서유구, 『임원경제지』, 안대회 엮어옮김, 『산수간에 집을 짓고』 중에서

풍수지리는 일찍이 그 폐단이 지적되었음에도 불구하고 아직도 유효

하다. 예전과 달리 요즘은 직접 집을 짓는 일이 드물어지면서 터 잡기, 좌향 보기 등의 일이 없어지자, 대신 좀 더 작은 틈새로 파고들었다. 가끔 여성지에는 벽지를 선택하고 가구를 둘 때 풍수지리적 배치를 따르라는 기사가 실리곤 하는데, 이는 풍수지리가 극성을 부리던 조선 후기에도 없던 풍습이다. 현대에 들어서는 개인이 자신이 살 집을 직접 짓는 일이 드물고, 이미 지어진 아파트에 입주해 사는 것이 일반적이다. 이런 상황에서 개인이 선택할 수 있는 것은 집 안의 가구 배치뿐이기에 여기에까지 풍수지리를 적용하고 있는 것이다.

우리나라 온돌제도에는 여섯 가지 결함이 있으니

현재 아파트에서 채택하고 있는 난방 방식은 보일러에서 끓인 뜨거운 물을 바닥에 설치한 온수 파이프를 지나게 하는 방법으로, 방바닥이 균일하게 데 워지는 장점이 있다. 그러나 과거의 온돌은 아궁이에 불을 떼어 그 열기가 고 래(구들장 밑으로 불길과 연기가 지나가는 길로 '방고래' 라고도 한다)를 통해 지나가는 형식 이었기 때문에 아랫목은 뜨겁고 윗목은 차가운 단점이 있었다. 발도 디딜 수 없을 정도로 절절 끓던 아랫목에 진한 향수를 가진 사람들도 많지만, 정작 18세기 조선에서 이것은 시급히 해결해야 할 과제였다.

조선 초기까지만 해도 한 집에 한두 칸을 설치하던 온돌을 중기에는 방마다 놓으면서 땔감의 소비가 증가했다. 또한 과거에는 쇠똥이나 말똥을 땔감으로 때었는데 모두가 나무를 때기 시작하면서 온돌 문제는 더욱 심각해졌다. 쇠똥을 때는 것이 의아해 보일지 모르지만 실제 그것은 나무보다 더 꾸준히 타는 성질이 있어 예로부터 널리 애용되었다. 길가의 쇠똥을 주워다가 주먹만 한 크기로 뭉쳐 햇볕에 잘 말리면 번개탄이나 조개탄과 비슷해져서 쉽게 사용할 수 있었다. 이는 펄 벅의 소설 『대지』에도 나오는 장면이며, 지금도 인도의 최하위 계급인 불가촉천민(不可觸賤民)들은 쇠똥을 주워 연료로 쓰고 있다. 그러나 조선 후기 들어 노비가 귀해지면서 쇠똥을 줍기 어려워지고 대신 쉽게 돈으로 땔감을 사서 때기 시작했는데, 그로 인해 주위의 산들은 점차 민둥산이 되어갔다. 당시 온돌의 폐단을 지적한 학자들의 견해를 살펴보면 다음과 같다.

〈박지원의 의견〉

① 자연석과 진흙으로 구들을 만들기 때문에 규격이 잘 맞지 않아 시공 후 팽창

하거나 갈라지기 쉽다.

② 시공 후에도 바닥이 고르게 따듯해지지 않는다.

③ 고래가 높고 넓어서 난방 효율이 떨어진다.

④ 담과 벽이 성기고 얇은 까닭에 바람이 뚫고 들어와 실내에 연기가 가득 차게
   된다.

⑤ 아궁이와 고래가 직접 연결되지 못하여 불길이 멀리 나가지 못하고 결과적으
   로 난방 효율이 떨어진다.

⑥ 새로 만든 온돌방을 건조시키기 위해 많은 땔감과 시간이 소비된다.

〈서유구의 의견〉

① 온돌제도가 잘못되었기 때문에 땔감의 낭비가 심하다.

② 땔감을 채취하기 위해 도회지의 산들이 벌거벗고 큰 나무는 모두 베어져 건
   축 공사나 장례에 쓸 재목조차 부족하다.

③ 산들은 모두 민둥산이 되어서 홍수가 나면 그 피해가 도심과 논밭에까지 미
   친다.

④ 땔감이 귀한 까닭에 가난한 집에서는 며느리와 시어머니가 한 방에 거처하고
   또한 남자가 안방에 머물게 되어 서로 간에 예의와 법도가 없어진다.

⑤ 여러 날 불을 때지 않으면 벌레와 쥐가 끓고 혹은 갑자기 불을 때면 화재의 위험성도 있다.

⑥ 방바닥에는 기름 먹인 장판지를 깔아야 하는데 그 비용이 비싸 부유한 집이 아니면 사용할 수 없고, 또한 가난한 집에서는 장판지를 오래 사용하다 보니 아랫목은 타고 윗목은 습기에 얼룩덜룩 썩어 보기 흉하다.

요약하자면 온돌을 잘못 만들어 나무를 많이 때도 쉽게 따뜻해지지 않고 방바닥도 고루 데워지지 않으며, 그래서 더욱 많은 나무를 때면서 발생하는 산림의 남벌과 환경문제가 심각하다는 것이다. 이런 문제들이 발생하는 근본 원인은 온돌제도 자체가 잘못되었기 때문이며, 그에 대한 대안으로 '항(抗)'이라는 중국식 온돌을 채택하거나 혹은 '복요(複窯)'라는 이중 온돌의 설치를 주장하고 있다. 대개 온돌을 우리나라에만 있는 것으로 알고 있지만 고구려의 영토였던 만주와 요동 지방에서도 사용했으며, 이 온돌을 중국식 온돌인 '항'이라 표현하고 있다. 우리의 온돌은 자연석과 진흙으로 시공하지만 중국의 항은 벽돌로 만들기 때문에 규격이 서로 잘 맞물려 틈이 없고 그만큼 열효율이 높다는 것을 주장하고 있다.

복요 곧 이중 온돌에 대한 설명은 문헌만 읽어서는 이해가 쉽지 않으

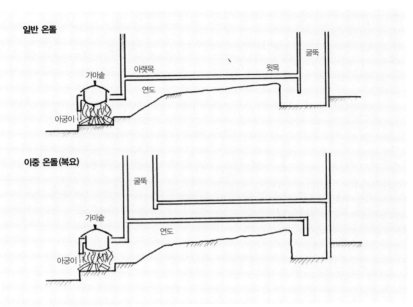

일반 온돌

가마솥
아랫목
윗목
굴뚝
연도
아궁이

이중 온돌(복요)

굴뚝
가마솥
연도
아궁이

일반 온돌과 이중 온돌의 차이점 | 보통 온돌은 아궁이에서 불을 떼면 그 열기가 구들을 덥히는데, 이중 온돌은 구들을 이중으로 설치해서 구들 위에 다시 구들을 놓았다. 때문에 한 번 불을 떼면 그 열기가 보통 온돌에 비해 오랫동안 유지되는 장점이 있다.

므로 그림으로 설명한다. 보통 온돌은 아궁이에서 불을 떼면 그 열기가 구들을 덥히는데, 이중 온돌은 구들을 이중으로 설치하는 방법으로 구들 위에 다시 구들을 놓는다. 온돌의 원리는 돌이 열을 저장하는 축열 방식이어서 한 번

불을 떼면 일정 시간 열기가 유지되는 장점이 있다. 따라서 구들을 이중으로 하면 축열 시간이 더 길어지기 때문에 땔감을 절약할 수 있고, 무엇보다 방바닥이 고루 데워지는 장점이 있다.

하지만 이중 온돌은 설치 방법이 번거롭고 돈이 많이 들기 때문에 일반에 널리 퍼지지 않았고, 다만 일부 부유층과 궁중에서만 채택되었다. 하동 칠불사에도 삼국시대에 만들어진 이중 온돌로 된 아자방이 있었는데, 한 번 떼면 온기가 100일을 간다고 전했다. 하지만 한국전쟁 와중에 소실되었고 지금의 것은 1970년대 다시 복원을 해놓은 것이라 한다.

근세에 경성의 부유한 집에서는 이중 온돌을 만들기도 한다. (중략) 불을 땔 때의 방법은 횃불을 태우는 것과 같이 하여 땔감을 엮어서 끄트머리를 불목 아래에 넣고 태운다. 그러면 아래 구들장이 뜨겁게 달구어져 훈기가 후끈후끈 위로 오른다. 훈기가 위 구들장에 두루 퍼지므로 한 곳만 뜨겁고 다른 곳은 차가운 일이 없다. 따라서 열기가 피부를 뜨겁게 하지도 않고 냉기가 피부 속에 스미지도 않아 마치 온돌 위에 평상을 깔아놓은 듯하다. 땔감의 소비는 적으면서도 그 효과는 두 배이다.

— 서유구, 『임원경제지』, 안대회 엮어옮김, 『산수간에 집을 짓고』 중에서

초가집 보수 비용을 10년 모으면 기와집이 생기니

현대를 사는 우리는 초가집에 대한 향수가 대단하지만 조선 후기 북학파 학자들에게는 초가집을 기와집으로 바꾸는 것이 최대 관심사였다. 당시 기와집 대 초가집의 비율은 1:9 정도로 초가집이 절대 다수를 차지했는데, 초가집은 비가 새는 것이 큰 단점이며 내구력도 약해서 고작 1~2년 유지되었다. 가을 추수를 한 후 생긴 볏짚으로 새 지붕을 이으면 그해 겨울과 봄까지는 그런대로 견디지만 여름 장마가 심하게 오면 빗방울이 아래로 샌다. 그 다음에는 온갖 벌레들이 볏짚 사이에 살며 지붕을 갉아먹기 때문에 가을비가 내리면 빗물이 아래로 줄줄 새기 일쑤였다.

그러나 기와집은 불에 구운 기와를 올렸기 때문에 비가 와도 새지 않았다. 오히려 짙은 회색의 기와들이 비에 젖어 고급스러운 검은색으로 변하면서 반질반질하게 윤이 나기 시작하는데, 그 모습이 마치 바다 속의 고래가 수면 위로 떠올라 검고 윤기 나는 등을 보이는 것과 같다 하여 '고래 등 같은 기와집'이라 했다. 하여 18세기가 되면 비가 와도 새지 않는 집, 비가 올 때 오히려 그 진가를 발휘하는 고래 등 같은 기와집을 짓자는 제안이 나온다.

당시 민서들이 초가집에 살았던 이유는 가난 때문이었다. 인구 대부분

〈기와 이기〉 | 기와지붕을 이는 공사 장면을 그렸다. 조선 후기가 되면 농민이 줄고 상업과 도시 서비스업 종사자들이 늘어나면서 볏짚은 돈을 주고 사야 하는 상품이 되었다. 때문에 매년 볏짚을 사서 지붕을 새로 이으니 그 비용을 10년간 모아 30~40년은 거뜬한 기와지붕을 얹자는 제안이 나온다. 《단원풍속화첩》, 김홍도, 국립중앙박물관 소장. (허가번호: 중박 200708-332)

이 농민이던 시절에는 가을이면 볏짚을 거저 얻을 수 있었지만, 조선 후기 농민이 줄고 상업과 도시 서비스업에 종사하는 인구가 늘면서 볏짚은 돈을 주고 사야 하는 상품이 되었다. 그래서 매년 볏짚을 사서 지붕을 새로 이으니 그 비용을 10년간 모아 기와지붕을 얹자는 제안이 나온다. 기와로 지붕을 이 으면 30~40년은 거뜬하기 때문에 초가집을 이는 비용을 10년간 모아 기와 집으로 바꾸는 것이 당연히 이득이었다. 하지만 민서들은 그만한 돈도 마련 하기 힘들었다. 해서 마을에서 계를 조직하여 기와지붕을 잇자는 건의도 있 었다.

가옥은 짓고 난 다음 비만 새지 않으면 몇백 년을 지탱할 수 있는데 현재 그렇게 되 지 않는다. 우리나라 풍습이 기와를 구울 힘이 없어서 볏짚으로 지붕을 덮고 말기 때 문이다. 반계 유형원(磻溪 柳馨遠) 선생은 외읍(外邑)으로 하여금 각각 흙과 나무를 쉽 게 구할 수 있는 곳에 가마를 설치하여 기와를 굽게 하고, 사람들이 사고팔 수 있도 록 허가하려는 생각을 가졌다. 반계 선생은 또 "거민(居民)들이 계를 조직하여 재물을 모아 기와를 만들어내면 10년을 넘지 않아서 한 마을이 모두 기와집으로 변할 것이 다"라고 말씀하셨다. 선생의 생각은 원대하니 서둘러 시행하는 것이 마땅하다. 또한 땅 위에서 소용되는 것으로 말보다 나은 것이 없고, 농사와 양잠에는 소가 없으면 아 무 일도 이루어지지 않는다. 이러한 말과 소를 기르는 데는 풀과 볏짚이 긴요하게 사 용되는데 가난한 집에서는 풀과 볏짚이 없어서 마소를 기르지 못하기도 한다. 촌가로

하여금 기와로 지붕을 덮게 하여 볏짚을 지붕 잇기에 소비하지 않으면 그 이익이 클 것이다.

— 서유구, 『임원경제지』, 안대회 엮어옮김, 『산수간에 집을 짓고』 중에서

  10년 내에 마을의 모든 집을 기와집으로 바꾸자는 이 주장은, 조선이 사치를 금하고 검박(儉朴)을 숭상했으며 또한 반상의 구별이 있어 기와집은 양반 사대부가에만 허락되었다고 알려진 상식을 뛰어넘는다. 초가는 무엇보다 화재에 치명적이었다. 지붕이 볏짚으로 되어 있어 불에 타기 쉬울 뿐 아니라 한 집에 불이 나면 곧바로 옆집으로 옮겨 붙어 마을 전체가 불바다가 되고 만다. 그나마 시골에는 집들이 띄엄띄엄 자리 잡고 있어 마을 전체에 불이 붙는 일이 없었을 뿐이다.

  그런데 18세기 한양에 인구가 늘어나고 집들이 점차 조밀하게 들어서면서 한 집에 불이 나면 곧바로 이웃으로 번질 위험성이 커졌고, 이에 불에 잘 타지 않는 기와집으로 대체할 필요가 절실해졌다. 근대화된 모든 도시에는 건축법이 있으며, 그 법에서 가장 강조하는 것 중 하나가 화재 방지이다. 하여 도심지 건축에서는 불에 타기 쉬운 소재인 목재나 볏짚을 사용해서는 안 된다는 항목이 빠지지 않는데, 18세기 조선에서도 화재 방지를 위해 초가

를 기와로 바꾸는 것이 큰 현안이 되었다. 그 후 100여 년이 지나 1895년이 되면 도심지에 지어지는 가가는 화재 방지를 위해 초가지붕을 할 수 없다는 법령이 반포되기에 이른다.

지금은 초가집을 두고 뒷동산의 부드러운 능선을 그대로 닮은 집이니 어머니의 가슴처럼 따스하고 누이의 웃음처럼 푸근한 집이니 하지만, 당시에 초가집은 비가 새는 것을 걱정해야 하고 때로는 볏짚 속의 벌레가 밥상 위에 떨어지기도 하는 질곡이었다. 그런데도 초가를 아름답게 느끼는 이유는 시간 의 후광을 업고 추억이라는 이름으로 아름답게 덧칠되었기 때문이다. 과거 박정희 전 대통령이 새마을운동을 벌이면서 초가집을 모조리 없앤 일에 대해 많은 건축가들은 일제의 문화재 말살에 버금가는 무자비한 행위라 비판했다. 그러나 그렇게 비난했던 이들은 모두 도시의 기와지붕 아래서 태어나 근대적 인 대학 캠퍼스에서 교육을 받은 엘리트 건축가들이었지, 초가집에서 태어나 국그릇 속에 떨어진 벌레를 집어내가며 밥을 먹었던 사람들이 아니었다.

마리 앙투아네트가 살았던 베르사유 궁전의 후원에는 프랑스 농가 몇 채가 물방앗간과 함께 지어져 있었다. 화려한 궁전 안에 허름한 농가가 있었 던 이유에 대해 세상의 호사가들은 매일 밤마다 벌어지는 파티에 싫증 난 왕 비가 남몰래 그곳에 가서 '시골놀이'를 즐기기 위해 지어진 집이라고 말했다. 그러나 정확히 말하자면 그것은 정원을 꾸미기 위해 지어진 소품이었다. 당시 프랑스에는 특정한 주제를 잡아서 테마 정원을 꾸미는 것이 유행이었는데, '프랑스의 시골 농촌'은 그중 가장 인기가 있었다. 해서 궁전 정원의 한 모퉁이를 완벽한 프랑스 농촌으로 꾸몄다. 농가는 그에 어울리는 적절한 소품으로 당연히 있어야 했으며, 나아가 시골 아낙의 옷을 입고 그림같이 서 있는 역할을 하는 시녀까지 따로 있었다. 프랑스인의 이런 취미생활은 자신은 대도시의 안락한 아파트에 살면서 어쩌다가 한 번 지나가는 고향 마을엔 옛 모습 그대로의 초가집과 어머니 같고 누이 같은 여자들이 있어주기를 바라는 심정과 크게 다르지 않다.

둥글게 만들면 기와요, 모나게 만들면 벽돌이니

요즘은 집을 짓는 데 필요한 건축자재, 이를테면 주방의 싱크대, 욕실의 변기와 세면기는 물론이고 창틀과 창문, 방문, 현관문 등 모든 자재가 미리 만들어져 있어서 시장에서 사다가 현장에서 조립만 하면 된다. 그러나 조선시대에는 문틀을 비롯해 창호와 방문을 현장에서 목수가 직접 제작했다. 획일적

244

이고 일률적인 요즘의 집보다는 개성이 강하다는 장점이 있지만 비용이 많이 든다는 단점이 있었다. 이에 자주 쓰이는 부재를 미리 만들어서 팔자는 방안이 제시되었다.

그런데 부재를 미리 만들어 사고팔기 위해서는 규격화가 선행되어야 하는데, 이는 곧 건축의 계량화이자 근대화의 시초가 되는 일이다. 당시 학자들은 문지방과 창호 같은 부속자재뿐 아니라 기둥과 들보, 서까래 같은 구조체도 사고팔 수 있음을 중국의 예를 들어 설명하고 있다. 기둥과 들보, 서까래는 새로 나무를 베어 만들 수도 있지만, 헐어낸 집에서 나온 것을 재사용할 수도 있었다. 콘크리트 건물이 대부분인 요즘은 집의 수명이 다해 해체하고 나면 그 콘크리트 잔해를 인근 해역에 폐기한다. 그러나 목조건물의 나무기둥과 들보는 수거하여 재사용하거나 시장에 되팔 수 있었는데, 그러기 위해서는 먼저 건축자재의 규격화가 필요했다.

일본은 구리 기와를 쓰는 가옥과 나무 기와를 쓰는 가옥의 차이는 있다. 그러나 한 칸의 넓이와 창문의 치수에 있어서는, 위로는 임금·관백(關伯, 천황을 보좌하던 일본의 고대 관직)으로부터 아래로는 가난한 백성의 집에 이르기까지 차이가 없다. 가령 문짝하나가 없으면 시장에 가서 사오는데, 집을 그대로 옮긴 것처럼 꼭 맞는다. 칸막이 문과 탁자 같은 것도 모두 부절(符節)처럼 꼭 맞는다.

— 박제가 지음, 박정주 옮김, 『북학의』 중에서

북학파 학자들의 주장은 자재의 규격화와 상품화를 통해 현장에서의 공정을 줄이고 궁극적으로 공사 기간과 비용을 절감하자는 것이었다. 이들은 앞서 초가집 대신 기와집을 제안했는데, 기와도 미리 만들어진 것을 시장에서 사다 쓴다는 점에서 규격화·상품화된 건축자재이자 재활용이 가능한 자재였다. 기와뿐 아니라 벽체를 이루는 요소인 벽돌 또한 규격화와 상품화가 가능한 건축자재였다.

중국은 땅 위든 땅 속이든 5~6길이나 되는 건물은 모두 벽돌로 만들었다. 누대·성곽·담 등 높은 것은 물론이고, 교량·분묘·봇도랑·방구들·둑 등 지하 깊숙한 곳도 이에 해당한다. 마치 온 나라에 벽돌을 입힌 듯하다. 그래서 백성들은 수재나 화재 및 도둑, 그리고 젖어서 썩는 것, 붕괴되는 것 등에 대한 걱정을 하지 않는다. 이는 모두 벽돌을 사용했기 때문이다. 벽돌의 효과가 이와 같은데도, 동방 수천 리 되는 지역 가운데 오직 우리나라만이 이를 사용하지 않고 있다. 심지어 그 방법도 찾아보지 않으니, 매우 큰 잘못을 저지르고 있는 것이다. 어떤 사람은 "벽돌은 토질에 영향을 받기 때문에 우리나라에서는 기와는 되도 벽돌은 안 된다"고 말한다. 그러나 이는 절대 그렇지 않다. 둥글게 하면 기와가 되고 모나게 하면 벽돌이 되는 것이다.

— 박제가 지음, 박정주 옮김, 『북학의』 중에서

박제가는 도둑의 침입이나 화재에 안전하고 비도 새지 않는 벽돌집의 특징을 설명하면서 성을 쌓는 데도 벽돌로 할 것을 주장했다. 초가집에 향수를 느끼는 것처럼 황토로 만든 흙벽에 대해서도 향수를 느끼는 사람이 많지만, 건축에서 중요한 것은 내구력이다. 목재로 만든 뼈대 위에 황토를 발라 만든 흙벽은 비에 씻겨 내려갈 위험이 크다. 그래서 보조 장치로 위로는 처마를 길게 내고 아래로는 주춧돌을 높게 괴어 빗물이 벽에 직접 닿는 것을 방지하고 있지만 그래도 한계가 있다. 그러나 벽돌은 불에 한 번 구웠기 때문에 비가 와도 쓸려 내려가지 않는다.

우리의 전통 건축을 벽돌로 짓는 것이 생소해 보일지 모르나, 실제 조선 후기가 되면 서울의 부유층을 중심으로 벽돌 건축이 유행했다. 무엇보다 화성의 건물들은 조선 후기 벽돌 건축의 정수를 보여주고 있으며, 시대적으로 조금 차이가 있긴 해도 1920~30년대의 개량 한옥들 또한 모두 벽돌로 지어져 나름대로 독특한 멋을 풍기고 있다. 박제가는 벽돌을 개인이 아닌 전문 상인이 구워 팔 것을 제안하고 있는데, 이는 건축자재의 상업화이자 실학자들이 꾸준히 제시했던 중상주의 정책과도 연관된다.

> 어떤 사람은 또 말하기를, "개인적으로 벽돌을 만들면 비록 나라에서는 이용하지 않더라도 자기 집에서만은 쓸 수 있을 것이다"라고 말한다. 그러나 이 역시 틀린 말이다. 백성들의 일상용품은 반드시 서로 도와서 만들어야 하는 것이다. 그런데 성 안에 벽돌이 없어서 내가 혼자 만들려고 하면, 굽는 가마도 내가 만들어야 하고 때우는 데 쓰는 회도 역시 내가 마련해야 한다. 물건을 실어 나르는 수레도 내가 만들어야 하고 온갖 기술자의 일도 모두 내가 해야 한다. 그러니 벽돌을 만들어봐야 그 이익이 얼마나 되겠는가? 혹시 시골에 살아서 흙과 땔나무가 모두 풍족하다면 모르겠지만 말이다. 지금 당장 벽돌을 사용한다면, 관청에서는 백성들이 만든 벽돌을 비싼 값으로 사들여야 할 것이다. 그러나 십 년 안에 나라 안의 모든 건물은 벽돌로 만들어질 것이다. 모든 건물을 벽돌로 짓는다면 벽돌값은 기다리지 않아도 저절로 싸질 것이다. 다른 물건도 모두 그러하다. 이것은 위에 있는 사람의 권한에 달려 있는 것이다.
>
> — 박제가 지음, 박정주 옮김, 『북학의』중에서

벽돌은 레고 블록을 쌓는 것과 같아서 작은 육면체 하나로 실로 다양

벽돌 만드는 방법 | 중국 명나라 때 송응성이 지은 『천공개물(天工開物)』에 나온 삽도로, 이 책에는 벽돌 만드는 법이 자세히 나와 있다. 먼저 네모난 나무틀에 진흙을 넣은 다음 판자를 덮고 그 위에 서서 끊임없이 밟아 흙을 단단하게 다져야 한다.(왼쪽) 벽돌을 굽는 가마로는 땔나무를 쓰는 것과 매탄(석탄)을 쓰는 것이 있는데, 땔나무를 땔 때 가마의 꼭대기를 평평하게 해서 물을 부으면 푸른 벽돌을 만들 수 있다.(가운데) 석탄 가마의 경우 석탄을 둥글게 빚어 가마 속에 석탄 한 층, 벽돌 한 층씩을 교대로 쌓아 올린 후 불을 지피는데, 이렇게 만들어진 벽돌은 연한 백색을 띠게 된다.(오른쪽)

한 건축물을 만들 수 있다. 다만 쌓아 올리기만 해서 되는 일이 아니라 벽돌 사이에 시멘트를 발라 접합을 해주어야 한다. 그래서 위의 인용문 중에도 "때우는 데 쓰는 회"라는 표현이 있는데, 조선 후기 벽돌 건축이 유행했다면 벽돌을 접합시키는 데 분명 시멘트가 사용되었을 것이다. 그렇다면 조선의 시멘트는 과연 어떻게 만들어졌을까?

시멘트와 콘크리트의 사용

고속도로를 타고 태백산맥을 넘을 때면 포클레인들이 산맥을 파헤치고 있는 것을 자주 볼 수 있다. 이는 시멘트를 얻기 위해 석회석을 채취하는 것으로, 근방에는 흔히 '○○양회'라는 이름의 공장들이 들어서 있는 것을 볼 수 있다. '양회(洋灰)'란 '서양에서 온 석회석'을 말한다. 일반적으로 '양(洋)'자는 그것이 본디 우리나라에도 있는 물건이지만 서양식의 새로운 것이 들어오면서 대체될 때 접두어로 붙여 쓴다. 그래서 전통 옹기로 만든 물동이 대신 가벼운 양은으로 만든 동이를 양동이, 전통 과자를 대신하는 서양의 케이크류를 양과자, 전통 버선 대신 서양의 삭스류를 버선 '말(襪)'자 앞에 양을 붙여 양말이라 한다. 만약 우리나라에 동이, 과자, 말이 아예 없었다면 양동이, 양과자, 양말이라는 말도 없는 것이다. 즉 시멘트를 '양회'라고 하는 것은 양회에 앞서 우리의 전통 시멘트인 '회'가 있었다는 반증이다. 서양의 시멘트는 석회석을 구운 뒤 빻아서 만드는데 이 방법은 우리나라에서도 동일하게 사용되었다. 『임원경제지』에는 석회석을 구워 시멘트를 만드는 방법이 상세하게 설명되어 있다.

> 석회는 청색이 가장 좋고 황백색이 다음으로 좋다. 석회석은 반드시 지하 두세 자 밑에 매장되어 있는데 이를 파내어 구워낸다. 표면이 이미 풍화 작용을 거친 석회석은 사용하지 못한다. 석회를 굽는 연료로는 매탄(석탄을 일컫는다_인용자주)이 10분의 9를 차지하고 땔나무가 10분의 1을 차지한다. 먼저 매탄을 진흙과 섞어서 덩어리를 만든다. 그런 다음 한 층에는 매탄 덩어리를 쌓고 다음 층에는 석회석을 교대로 쌓아 올린다. 밑바닥에 땔나무를 깔고 불을 질러 석회석을 굽는다. (중략) 화력이 세게 가해진 뒤에야 돌의 성질이 유연해진다. 이것을 공기 중에 놓아두면 시간이 흐른 뒤에 저절로 풍화 작용을 일으켜 가루가 된다. 이것을 급히 쓰려고 할 때는 물을 뿌려주면 자연히 풀어진다.
>
> — 서유구, 『임원경제지』, 안대회 엮어옮김, 『산수간에 집을 짓고』 중에서

지하에 매장된 석회석을 파낸 뒤 맨 밑에 땔나무를 두고 그 위에 석회

석회 만드는 법 | 석회석을 구워 석회를 만드는 법이 묘사되어 있는 『천공개물』의 삽도로, 석회는 불로 태워서 만들었는데 이렇게 만든 석회질은 물에 넣어도 영원히 변질되지 않았다. 만드는 방법은 매탄(석탄)을 진흙과 섞어서 덩어리를 만든 다음 한 층에는 매탄덩어리를 쌓고 다음 층에는 석회석을 교대로 쌓아 올린 다음 밑바닥에 깔아놓은 땔나무에 불을 질러 태웠다.

석과 석탄을 켜켜이 쌓은 다음 불을 붙여 석회석을 굽는다. 이것을 공기 중에 놓아두면 풍화 작용에 의해 가루가 되는데 이를 석회라 한다. 이는 서양의 시멘트와 제조 과정이 동일하며, 자연 상태로 채취된 돌을 '석회석', 가공을 통해 만들어진 시멘트를 '석회'로 구분하고 있다. 『임원경제지』에는 석회를 이용하는 방법도 소개되어 있다.

석회를 사용하여 돌담을 쌓으려고 하면 우선 돌조각을 골라내어 버린 다음 물과 섞어 접합시킨다. 석회로 벽돌을 바르려고 하면 유회(油灰, 중국 복건, 광동 등지에서 만든 석회의 일종으로 퍼티putty)를 사용한다. 석회로 담장과 벽을 바르려고 하면 석회수(石灰水)를 맑게 하여 지근(紙筋, 잘게 썬 종이)과 섞는다. 석회로 저수지를 바르려고 하면 회(灰) 한 푼에 강모래와 황토를 두 푼으로 섞고 나서 나미교(糯米膠, 찹쌀풀), 양도등(羊挑滕, 낙엽등과의 식물)의 즙과 고루 섞는다. 그러면 힘들이지 않고 쌓을 수 있으며 견고하게 만들어져 영구히 무너지지 않는다.

— 서유구, 『임원경제지』, 안대회 엮어옮김, 『산수간에 집을 짓고』 중에서

현재 벽돌로 담을 쌓을 때 벽돌 사이사이에 시멘트 모르타르를 발라 접합시키듯 과거에도 석회를 사용했다. 또한 저수지 바닥의 마감 공사를 할 때는 석회에 강모래와 황토를 섞고 여기에 찹쌀풀과 양도등을 첨가하면 매우 견고하다고 했는데, 이는 현재 콘크리트를 만드는 과정과 동일하다. 대개 콘크리트를 근대에 생긴 것이라 생각하지만 실은 기원 무렵의 로마제국에서 최초로 사용했다. 당시 베수비오 화산 근처에서 석회를 채취해 콘크리트를 만들었으며, 이를 오푸스 케멘티쿰(opus camenticum)이라 불렀다. 이것으로 만든 판테온과 콜로세움이 지금도 그 자리에 남아 전 세계의 관광객을 끌어모으고

있는데, 우리가 현재 사용하는 시멘트(cement)라는 말도 케멘티쿰에서 유래한다. 콘크리트는 시멘트에 물, 자갈, 모래, 그리고 약간의 화학제를 첨가해 만드는데, 이때 사용되는 화학제는 강도를 증가시키기 위한 것이어서 없어도 크게 문제되지 않는다. 조선에서는 시멘트에 강모래와 황토를 섞어 콘크리트를 만들었고, 화학제 대신 찹쌀풀이나 식물즙을 이용했다.

특히 『임원경제지』에는 지근 곧 종이를 꼬아서 노끈처럼 만든 것을 첨가하라고 했는데, 이는 콘크리트에 인장력을 높여 탄력을 주기 위해 철근을 첨가하는 현재의 철근콘크리트 공법과 동일하다. 요즘 건물은 20~30층 높이로 짓기 때문에 철근을 첨가하지만, 당시의 건물은 단층이었기 때문에 종이 노끈만으로도 충분한 인장 강도를 얻을 수 있었다. 석회에 모래와 진흙을 섞어 콘크리트를 만들고 여기에 탄력을 주기 위해 종이 노끈까지 첨가한 이른바 '지근콘크리트 공법'은 현재의 철근콘크리트 공법과 동일해 놀라움을 자아내는데, 여기에 서유구는 한 걸음 더 나아가 콘크리트로 지붕을 덮는 회개(灰蓋)까지 제안하고 있다.

요동(遼東)과 심양(瀋陽) 사이의 민가에서는 회백토로 지붕을 덮기도 한다. 그 법을 살펴본다. 지붕에 종도리를 가설하지 않고 서까래를 평탄하게 가설한 뒤 그 위에 갈대

자리를 깐다. 석회, 황토, 가는 모래를 균등하게 섞어 느릅나무 즙을 뿌리면서 진흙과 함께 개어 갈대자리 위를 두껍게 바른다. 그것이 다 마르면 돌과 같이 굳고 숫돌같이 평평하므로 그 위에 곡식, 과일을 넣어 말릴 수 있다. 다만 요령 없이 진흙과 섞으면 균열이 생길 염려가 있으므로 어저귀(삼의 일종으로 경마사藜麻絲인데 줄기 껍질이 섬유로 쓰임)를 잘게 썰어 진흙과 섞으면 균열이 생기지 않는다. 또 진흙을 바를 때 진흙이 마르기 전에 거적으로 덮어서 햇빛을 쏘이지 않고, 다 마른 뒤에 거적을 걷어낸다.

— 서유구,『임원경제지』, 안대회 엮어옮김,『산수간에 집을 짓고』중에서

중국의 요동과 심양 지방에서 콘크리트로 평지붕을 만들고 그 위에 과일과 곡식 등을 넣어 말린다는 내용을 소개하고 있는데, 사실 우리나라는 물론 일본과 중국에서도 평지붕은 유래를 찾아볼 수 없으며, 이는 유럽이나 아프리카도 마찬가지이다. 인류의 문명은 농경과 함께 시작되었고, 농경은 하늘에서 충분한 비가 내리는 지역에서만 가능하다. 이때 빗물이 고이지 않고 곧바로 흘러내릴 수 있도록 지붕은 경사져야 하며, 비가 많이 내리는 지역일수록 지붕의 경사도는 급해진다. 농경과 문명, 경사지붕은 아주 밀접한 관계가 있다. 예외가 있다면 비가 내리지 않아 목축에 의존해 살아가는 서아시아 지방과 나일강의 범람으로 인한 관개농업에 의존하는 이집트만이 평지붕을

취하고 있다.

　　우리가 도시 미관을 이야기할 때 '회색빛 박스형의 건물'이라는 표현을 자주 하는데, 건물이 회색인 이유는 재료가 콘크리트이기 때문이며 박스형인 이유는 평지붕을 취하고 있기 때문이다. 지금은 몹시 부정적인 이미지로 비치고 있는 회색빛 박스형 건물은 그러나 20세기 초반에는 혁신적인 아름다움의 상징이었다. 산업혁명의 고비를 간신히 넘기고 과학기술이 한참 발달하던 20세기 초, 인류는 갓 스무 살을 맞이한 청년처럼 들떠 있었다. 과학과 기술은 곧 진보와 아름다움의 상징이었고, 당연히 건축의 형태도 이전과는 전혀 다른 새로운 그 무엇이어야 했던 당시, 건축계를 휩쓴 두 가지 명제는 '장식은 죄악이다'와 '건축의 형태는 그 기능에 따른다'였다. 해서 기능과 관계없는 모든 장식은 배제되었다.

　　과거에는 빗물의 배수를 해결하기 위해 지붕이 경사져야 했지만 이제 배수를 다른 방법으로 원활히 처리할 수 있게 되면서 인류 문명과 유구하게 함께 했던 경사지붕이 사라졌다. 평지붕은 과학적 승리의 상징이었으며, 평평해진 지붕 위에 옥상을 설치해 생활공간으로 활용함으로써 승리의 기쁨을 더욱 만끽할 수 있었다. 아울러 건축물에 입히는 색상도 장식으로 간주되어 흰색이나 콘크리트 본래의 회색을 그대로 드러낸 회색빛 박스형의 건물이 지구상에 탄생했다. 당시 그것은 확실히 진보적이고 혁신적이며 또한 아름다웠지만, 50~60년의 시차를 두고 우리나라에 상륙하면서 다소 저급하고 퇴영적으로 변질되었다.

그런데 서유구는 이보다 1백여 년을 앞서 콘크리트로 평지붕을 만들고 그 위를 옥상으로 사용할 것을 제안했다. 다만 지나치게 이질적이어서 쉽게 채택되지 않을 것임을 잘 알고 있었는지, 적극적으로 제안한다기보다 소개하는 정도로만 그치고 있다. 사실 당시의 학자들이 콘크리트나 벽돌에 관심을 보인 가장 큰 이유는 화재 예방을 위해서였다.

> 일찍이 지난해에 복리(腹裏, 중국 산동 서쪽에 위치한 하북 지역을 일컫는다_인용자주)의 여러 군을 살펴보았다. 사람들이 거처하는 기와집은 벽돌로 처마를 감싸고, 초가집은 진흙으로 위아래를 발라놓았다. 불이 번져 나가는 것을 예방할 수 있을 뿐만 아니라 불을 끄기도 쉬웠다. 또 따로 창고를 설치하여 그 외부를 벽돌과 진흙으로 둘렀다. 그것을 토고(土庫)라고 부르는데 불이 그 안까지 침범하지 못했다. 이러한 일을 통해 미루어 보건대, 농가의 거실, 부엌, 누에방, 창고, 외양간에는 모두 법제니토(法製泥土)를 사용하는 것이 마땅하다. 먼저 장대한 목재를 골라 골격을 다 짜고 난 뒤 서까래 위에다 판자를 깔고 판자 위에다 진흙을 바른다. 진흙 위에는 법제유회니(法製油灰泥)를

바르고 햇볕에 쪼여 말리면 자기나 돌같이 견고하여 기와를 대신할 수 있다. 집의 안 팎에서 목재가 노출된 곳과 문·창·벽·담장에는 모두 법제회니(法製灰泥)로 바른다. 바를 때는 두께가 일정하고 견고하고 차지게 하여 빈틈이 없도록 힘써야 한다. 그래 야만 불에 타버리는 걱정을 면할 수 있다. 이것을 이름하여 법제장생옥(法製長生屋)이 라 한다. 이 방법은 화재가 발생하기 전에 막는 것이므로 참으로 좋은 계책이다.

— 서유구, 『임원경제지』, 안대회 엮어옮김, 『산수간에 집을 짓고』 중에서

중국에서는 벽돌집과 기와집이 대부분이며 초가집도 벽과 담장에 진 흙을 발라 화재를 예방하고 있음을 소개하면서, 나아가 진흙에 석회를 섞어 만든 법제회니를 발라 화재에 안전한 법제장생옥을 만들자는 주장이다. 조선 후기 상류층을 중심으로 벽돌 건축이 유행하기도 했는데, 벽돌로 벽을 쌓고 난 뒤 표면을 매끄럽게 마감하기 위해 황토 진흙을 덧바르는 경우가 많았다. 벽돌이 요즘처럼 규격화되어 있지 않아 벽돌로만 마감을 하면 표면이 울퉁불 퉁해지는 까닭에 그 위에 진흙을 덧바른 것인데, 시간이 지나면 진흙이 비에 씻겨 나가곤 했다. 조선 후기 주막의 모습을 사실적으로 묘사한 신윤복의 〈주 사거배〉에서 솥이 걸린 부뚜막의 아래 부분을 보면 이 사실이 명확해진다. 벽 돌을 쌓아 부뚜막을 만들고 그 위에 진흙을 발랐는데, 낙숫물이 자주 떨어지

〈주사거배〉 | 조선 후기 상류층을 중심으로 벽돌 건축이 유행했는데, 벽돌로 쌓은 후 표면을 매끄럽게 마감하기 위해 황토 진흙을 덧바르는 경우가 많았다. 그림 속 주모 앞쪽에 솥이 걸린 부뚜막 아래를 보면 진흙 마감이 벗겨진 벽돌의 모습을 확인할 수 있다. 《혜원전신첩》, 신윤복, 간송미술관 소장.

는 자리인지 한 구석에 진흙이 씻겨 내린 틈으로 벽돌이 노출된 곳이 있다. 그래서 비가 와도 씻겨 내려가지 않도록 진흙에 석회를 섞어 반죽한 회니 곧 시멘트를 바르자고 주장하고 있다.

더 나아가 서유구는 경사지붕에 기름을 섞어 만든 유회니(油灰泥, 기름을 첨가해 방수 기름을 더한 회니)를 바를 것을 제시하고 있다. 목재로 지붕틀을 만드는 것은 기존과 같되, 기와를 얹는 대신 널빤지를 깔고 그 위에 유회니를 바르면 비가 와도 물이 새는 걱정이 없을 것이라고 한다. 이는 지금도 집을 지을 때 지붕의 방수처리를 위해 방수 모르타르를 바르는 방법과 동일하다. 요약하자면 목조가옥의 목재 부분에는 회니를 바르고 지붕에는 유회니를 바르자고 했는데, 이때 회니는 현대 건축에서 중요시되고 있는 방화피복, 유회니는 방수 피복에 해당한다. 그리고 이렇게 방화와 방수 처리를 하여 비가 새거나 불에 탈 염려가 없는 집을 법제장생옥 곧 '원칙대로 잘 만들어 화재에 안전한 집' 이라 했다.

십여 년 전 어느 한때 북유럽의 통나무 주택이 유행한 적이 있었다. 침엽수로 유명한 핀란드나 노르웨이에서 만든 통나무 주택을 수입하여 국내에서는 기초 공사만 마친 후 바로 설치할 수 있도록 만든 일종의 조립식 주택이었는데, 경기도 일원의 별장촌에 그런 집이 더러 지어졌다. 주택전시회에 가면 그 집을 지어놓고서 콘크리트로 만든 집은 바람이 통하지 않아 유해하지만 통나무로 만든 집은 환기와 통풍이 잘 되어 좋다는 것을 여러 번 강조한다. 반복의 효과는 놀라운 것이어서 설명을 들은 사람들은 정말로 통나무집이 콘크리트집보다 좋은 줄로 알지만 실상 통나무집은 화재에 치명적이다. 해서 집들이 띄엄띄엄 떨어져 있는 농촌 주거에서만 적합할 뿐 도시 주거에서는 불가능하다. 일찍이 도시화가 진행되었던 유럽에서는 도심지에 목조주택의 건축을 불허하는 것이 오랜 전통이었다.

역사상 가장 유명했던 도시 화재는 64년 7월에 있었던 로마 대화재이다. 그때 황제 네로는 불타는 로마를 내려다보며 하프를 켜고 시를 읊었다고 알려져 있지만 사실이 아니다. 때는 여름이어서 황제는 로마 인근의 휴양지 오스티아에 머물고 있었는데, 화재 소식을 듣고는 곧바로 로마로 달려와 화재 진압에 주력했고, 이후로는 체계적인 로마 재개발을 실시했다. 특히 그가 반포했던 건축법 중에는 "시내에 지어지는 주택은 화재 예방을 위해 목재 사용을 엄금하며 대신 석재나 벽돌, 콘크리트를 사용한다"라는 항목이 있다. 이처럼 도심지에서 목조건축을 불허한 전통은 2천 년의 역사를 헤아린다. 로마뿐만이 아니었다. 인더스 문명의 모헨조다로 유적, 메소포타미아와 이집트의 유적 등 모든 고대문명 도시 유적들은 4,000~5,000년 전부터 벽돌을 사용했다. 집들이 밀집해 있는 도시 주거에서는 화재에 취약한 목조 대신 불연성 소재인 석재, 벽돌, 콘크리트만을 허용했다.

우리나라는 본디 목조주택의 전통이 강했지만 인구가 밀집한 상업도시는 발생하지 않아 그런대로 큰 문제 없이 지낼 수 있었다. 그런데 조선 후기 도시의 성장과 함께 주거가 점차 밀집되면서 기존의 목조주택이 화재에 매우 취약하다는 인식도 확산되었다. 그렇다고 목조주택을 모조리 헐고 새삼 벽돌이나 콘크리트 건축을 할 수도 없는 상황이어서 기존의 목조주택에 회니를 바름으로써 방화피복을 하는 대안이 제시되었다.

요새 드높게 솟은 집과 큰 건물, 높고 훌륭한 누각에 진귀한 보물을 간직하고 머물러 사는 일이 참으로 많다. 그러나 하루아침에 생각지도 못한 곳에서 불이 일어나고, 미미한 곳에서 과실이 발생하여 눈 깜짝할 사이에 잿더미와 기와 부스러기의 장소로 변하며, 천금(千金)의 몸도 보전하지 못하는 일이 벌어지니 참으로 애달픈 일이다. 평상시 여가를 얻어 위의 방법에 따라 장생옥을 만든다면 겁화(劫火)를 겪어도 무너지지 않을 뿐만 아니라 비바람을 막아서 집이 썩지 않게도 할 수 있다. 큰집이 즐비한 시장이나 주민이 몰려 사는 곳은 비록 모든 집이 이 법을 따를 수는 없다 하더라도 그 중 이 법을 따른 집이 하나라도 있다면 불길을 중간에서 막아 불이 번지는 것을 막을

수 있다. 한때의 비용이 드는 것을 아껴서 어찌 영구히 안전한 계책을 도모하지 않을

수 있겠는가?

— 서유구, 『임원경제지』, 안대회 엮어옮김, 『산수간에 집을 짓고』 중에서

지어지지 못한 집

십 년을 경영하여 초가삼간 지어내니

나 한 칸, 달 한 칸, 청풍 한 칸 맡겨 두고

강산을 들일 데 없어 둘러놓고 보리라.

— 송순, 「면앙정가」 중에서

안빈낙도, 가난을 부끄러움이 아닌 미덕으로 여겼던 선비의 정신을 표현했다 하여 지금도 널리 애송되고 있는 시이다. 아울러 초가삼간 한 채를 짓기 위해 십 년이나 애면글면 돈을 모은 것이 요즘 서민들이 내 집 장만을 하는 데 걸리는 시간과 비슷하다고 위안 삼아 말하기도 하지만, 애석하게도 이 면앙정은 살림집이 아니라 정자이다. 벼슬이 우참찬에까지 이르렀던 송순은

가난하기보다는 매우 부유했다. 면앙정은 지금도 남아 있는데, 바다를 굽어보는 자리에 있는 이 정자 아래에는 고래 등 같은 살림채가 대기하고 있다. 어쩔 수 없는 가난이 아니라 그저 한 번씩 재미로 즐기는 안빈이요, 낙빈(樂貧), 유빈(遊貧)인 것이다.

이렇듯 시 속에 나타나는 집이 실생활과 동떨어져 있는 것은 애초에 시와 노래, 그림이라는 것이 현실이 아닌 자기가 생각하는 이상을 표현하는 것이라 할 때 당연한 노릇일 수도 있다. 그래서 "저 푸른 초원 위에 그림 같은 집을 짓고" 싶다는 노래도 있는 것이며, 로또 복권을 광고하는 포스터에는 마당 딸린 2층 양옥집이, 지금은 닭장 같은 아파트에 살고 있지만 언젠가는 꼭 한 번 살아보고 싶은 집이 그야말로 그림같이 그려져 있는 것이다.

가장 아름다운 집은 실제로 지어지지 않은 집이다. 다방에서 애인을 기다리는 시간에 성냥개비로 집을 짓거나 은퇴 후 손수 짓고 싶은 전원주택을 지금 모눈종이 위에 얼기설기 그려보는 것으로 저마다 자신만의 아름다운 집을 꿈꾸지만, 실제로 집을 짓는 순간 그 모든 이상적인 요소들은 현실과 타협하게 된다. 경제력, 법규, 기후, 사회제도, 관습 등 수많은 장애 요소로 인해 마음속에 지었던 집은 결코 현실에 지어질 수가 없다. 그러나 반대로 '그림 속의 집'들은 그러한 현실 문제에서 완전히 자유로운, 그 시대가 추구하는 가치가 무엇인가를 가장 선명하게 보여준다는 점에서 큰 의의가 있다.

　18세기 북학파 학자들의 저술도 그런 점에서 의의가 있다. 풍수지리적 해석의 비판, 온돌의 폐단과 개선책, 기와집의 확대, 건축자재의 규격화와 상품화, 벽돌과 콘크리트의 사용 등은 분명 그 시대에는 지어지지 못한 집이었지만, 현실에서 완전히 벗어나 순수한 이상만을 그린 집이라는 점에서 오히려 실제로 지어진 집보다 더 큰 의의가 있다. 그리고 200년 후 그 이상들은 모두 현실로 구현되었다.

전통 건축, 시간의 후광을 벗겨내다

요즘 우리나라 사람들이 가장 자주 입에 올리는 단어 중 하나가 아파트일 것이다. 아파트는 아파트먼트(apartment)의 줄임말이니 응당 영어라고 생각하겠지만, 실은 불어 아파르트망(appartement)이 그 어원이다. 18세기 프랑스의 대저택들은 20~30명에 달하는 가족과 하인 외에도 매일 수십 명과 매주 수백 명의 사람들이 드나들었다. 가장을 만나 사업과 공무에 관한 이야기를 하는 것 외에도 정기적으로 방문하며 친목 도모를 해야 했으며, 그러기 위해서는 크고 작은 파티가 필수적이었다. 가족 또한 요즘처럼 핵가족이 아닌 미망인 고모와 노총각 삼촌, 때로 부모를 잃은 조카까지 모두 한 집에서 사는 대가족이었다. 여기에 하녀와 침모, 마부, 보모, 가정교사 등 하인들도 많았는데, 이렇게 많은 사람들이 함께 살기 위해서는 집의 구조도 조금 달라야 했다.

당시 프랑스의 대저택은 몇 개의 공간군(群)으로 나뉘어 있었다. 가장 이 공적인 용무로 수십 명의 사람을 초대해 식사를 대접하고 이야기를 나누는 곳으로 사용되는 아파르트망 드 파라데(Appartement de parade, 과시적 공간, 식당·대기실·응접실·서재·갤러리), 안주인이 서너 명의 친구나 친척들을 초대하여 간단한 티 파티를 여는 장소로 사용하는 아파르트망 드 소시에테(Appartement de societe, 친교적 공간, 규방·음악실·살롱), 그리고 손님의 출입이 제한된 채 혼자 사용하는 아파르트망 드 코모디테(Appartement de commodite, 사적 공간, 침실·캐비닛·의상실·목욕실) 등이었다. 따라서 아파르트망은 동일한 기능을 하는 일련의 공간군이라 할 수 있으며, 이는 마치 한옥에서 말하는 안채, 사랑채, 행랑채나 혹은 별당 등 '당'이나 '채'에 해당하는 말이라 할 수 있다.

그런데 프랑스대혁명이 일어나 왕실이 소멸하고 궁정귀족이 몰락하면서 대저택 또한 무주공산이 되고 말았다. 이러한 틈바구니를 비집고 들어간 것이 대혁명 이후 새로이 성장한 도시 중산층이었다. 시민계급 출신의 이들은 주로 법률가, 의사 등 전문직에 종사하거나 관청에 근무하는 샐러리맨으로, 핵가족을 이루었으며 하인도 하녀 하나만 둘 뿐이었다. 당연히 과거와 같은 큰 집을 필요로 하지 않았기에 귀족들의 대저택을 아파르트망별로 나누어

세를 살기 시작했고, 얼마 후에는 이들을 위해 처음부터 계획된 별도의 아파르트망이 지어졌다. 그리고 이것이 바로 오늘날 우리가 아파트라 부르는 건물이다.

봉건귀족이 몰락하면서 그들의 대저택이 새로운 도시 중산층에게 분할, 임대되는 현상은 비단 18세기 프랑스에서만 있었던 일이 아니다. 19세기 우리나라에도 한양의 사대부가들이 분할되어 각각의 채를 임대하기 시작한 예가 있다. 유감스럽게도 일제 침략과 한국전쟁으로 사회가 너무 급격하게 변한 나머지 이러한 예들이 사회적으로 크게 확산되지 못했고, 다만 개화기와 일제시대를 배경으로 한 문학작품에 그 편린들이 보일 뿐이다. 물론 이와 비슷한 일은 중국과 일본에서도 똑같이 일어나고 있었다. 예컨대 우리가 외세의 영향과 침략을 받지 않았더라도 기존의 양반계층이 몰락하면서 그들이 살던 99칸집이 도시의 새로운 시민계층에게 각각의 채마다 나뉘어 임대되다가 마침내 그들을 위한 집합 주택이 발생하게 된다는 사실에는 큰 변함이 없었을 것이다. 실제로 가회동 일대의 개량 한옥들은 본디 사대부가가 살던 큰 집들이 132~165m²(40~50평)의 필지로 잘게 쪼개져 지어진 집들이다.

조선 후기의 변화하는 주거의 모습에 대해 서술한 이 책은 민족문화의 독창성을 말하기보다는 인류문화 혹은 세계문화 속에서 발견되는 보편성을 말하고자 했다. 우리 민족은 아름답고 독자적인 주거문화를 이룩해온 것이 사실이지만, 이 또한 세계에서 보편적으로 나타나는 문화 양상에서 크게 벗어나지 않는다. 우리의 전통문화를 다룬 많은 책들이 주로 독창성을 말하고 있기에 이 책에서는 그와 반대로 보편성을 말하고자 했다.

또한 이 책은 답사가 아닌 문헌 탐구에 의존하고 있다. 전통 건축을 다룬 책들이 대개 답사 위주가 많아서 직접 가서 찍은 섬세하고 화려한 사진이 페이지를 가득 메우고 있다. 그러나 답사 위주의 책은 현재 그 상황만을 볼 수 있지, 왜 그런 현상이 일어났는지는 설명하지 못하는 경우가 많다. 기실 답사와 문헌 연구는 어느 것이 낫다 못하다가 아닌 똑같이 중요한 영역인데, 요즘 전통 건축에 대한 책은 답사 기행문 성격의 것들이 대부분을 차지하고 있다. 문헌 연구에 대한 책도 없는 것은 아니되 전문 서적이나 대학 교재로만 사용될 뿐 일반인이 접하기에는 조금 어려운 것이 현실이어서, 일반인들이 읽을 만한 문헌 연구서가 필요하다는 생각이 들었다.

무엇보다 이 책에서는 시간의 후광을 벗겨내고자 했다. 개인의 경험도 추억이 되고 보면 모든 것이 아름답게 치장되듯, 모든 역사와 문화도 과거의 것이 되면 무조건 찬사의 대상이 되는 경향이 있다. 일례로 전국의 종가와 고

건축을 답사한 뒤의 감상문을 보면, 옛 사람들은 매우 지혜롭고 선량했지만 현대인들은 어리석고 이기적이라는 논리가 은연중 깔려 있다. 그러나 인간의 본성과 본능은 구석기시대 사람이나 현대인이나, 유럽인이나 동양인이나 모두 똑같은 것이다. 옛 사람들이 구부러진 나무로 집을 지은 것은 선량하고 지혜로웠기 때문이 아니라 그 상황에서는 그럴 수밖에 없었기 때문이며, 현대인들이 콘크리트를 사용하여 고층건물을 짓는 것은 어리석고 이기적이어서가 아닌 지금 상황에서 그럴 수밖에 없기 때문이다.

민족문화는 유일하고 독창적이기도 하지만 또한 인류문화의 거대한 틀 안에서 보면 매우 일반적이고 보편적이다. 고건축을 공부하는 데는 답사와 기행도 물론 중요하지만, 그에 못지않게 문헌 탐구와 세계 여러 문화와의 비교 연구도 중요하다. 조상은 항상 선량하고 지혜로운 것이 아니며 다만 그 시대와 상황에서 자신이 할 수 있는 최선을 다했을 뿐이며, 이는 현대인과 조금도 다를 것이 없다. 이것이 바로 내가 이 책에서 말하고자 한 바였는데, 과연 그 의미가 어찌 전달되었는지는 잘 모르겠다. 이제 책은 내 손을 떠나 독자의 손에서 읽히게 될 것이고, 어떤 의미로 읽힐지도 독자의 몫이다.

참고문헌

강영환, 『한국 주거문화의 역사』, 기문당, 2002.

강인호 · 한필원, 『주거의 문화적 의미』, 세진사, 2000.

김경희, 『안동 하회마을 반가와 민가』, 비온후, 2001.

김광언, 『우리 생활 100년─집』, 현암사, 2000.

김대길, 『시장을 열지 못하게 하라』, 가람기획, 2000.

김동욱, 『실학 정신으로 세운 조선의 신도시, 수원 화성』, 돌베개, 2002.

김왕직, 『조선 후기 건축경제사』, 한국학술정보, 2005.

노버트 쉐나우어 지음, 김연홍 옮김, 『집─6000년 인류주거의 역사』, 다우, 2004.

박제가 지음, 박정주 옮김, 『북학의』, 서해문집, 2003.

서유구 지음, 안대회 엮어옮김, 『산수간에 집을 짓고』, 돌베개, 2005.

손세관, 『깊게 본 중국의 주택』, 열화당, 2002.

손세관, 『도시주거형성의 역사』, 열화당, 2000.

신영훈 외 지음, 『우리건축 100년』, 현암사, 2001.

신영훈, 『한옥의 향기』, 대원사, 2000.

이규목, 『한국의 도시경관』, 열화당, 2002.

정승모, 『시장으로 보는 우리 문화 이야기』, 웅진닷컴, 2000.

조너선 글랜시 지음, 강주헌 옮김, 『사진과 그림으로 보는 건축의 역사』, 시공사, 2002.

주남철, 『한국의 문과 창호』, 대원사, 2001.

주영하 외 지음, 『19세기 조선 생활과 사유의 변화를 엿보다』, 돌베개, 2005.

한필원, 『한국의 전통마을을 가다』(1·2), 북로드, 2004.

논문 자료

김봉렬, 「조선 후기 한옥 변천에 관한 연구—부농계층의 존재 형태와 주거 양식을 중심으로」, 서울대학교 박사학위 논문, 1982.

문정기, 「이층 한옥 상가의 유형 연구—개화기 이후 서울을 중심으로」, 서울시립대학교 석사학위 논문, 2003.

송인호, 「도시형 한옥의 유형 연구—1930~1960년의 서울을 중심으로」, 서울대학교 박사학위 논문, 1990.

우리가 살아온 집, 우리가 살아갈 집
— 서윤영의 우리건축 이야기

1판 1쇄 인쇄 2007년 9월 3일
1판 1쇄 발행 2007년 9월 7일

지은이 · 서윤영
펴낸이 · 김백일
책임 편집 · 최세정
기획 편집 · 조원식 정윤경 임자영
디자인 · 이파얼
마케팅 · 정순구 황주영

출력 · (주)한국커뮤니케이션
용지 · 한서지업사
인쇄 제본 · 영신사

펴낸곳 · 역사비평사 출판등록 제1-669호(1988. 2. 22)
주소 · 110-260 서울시 종로구 가회동 175-2
전화 · 02-741-6123~5 팩스 02-741-6126
홈페이지 · www.yukbi.com 전자우편 · yukbi@chol.com

ⓒ 서윤영, 2007
ISBN 978-89-7696-270-6 03610

이 도서의 국립중앙도서관 출판시도서목록(CIP)은 e-CIP 홈페이지(http://www.nl.go.kr/cip.php)에서
이용하실 수 있습니다.(CIP제어번호:CIP2007002699)